**BUR**
Rizzoli

Pubblicato per

**BUR**
Rizzoli

da Mondadori Libri S.p.A.
Proprietà letteraria riservata
© 2018 Éditions de La Martinière, une marque de la société EDLM
for the French translation published in 2018
© 2019 Mondadori Libri S.p.A., Milano

ISBN 978-88-17-11989-4

Titolo originale dell'opera:
*Bienvenue parmi les humains*

Prima edizione BUR Gatti Blu: maggio 2019

Illustrazioni di Francesca Provero

*Seguici su:*

www.rizzolilibri.it      /RizzoliLibri      @BUR_Rizzoli      @rizzolilibri

# SERGE MARQUIS

# ESCI DALLA GABBIA DEI TUOI PENSIERI

## COME VINCERE I CIRCOLI VIZIOSI CHE TI PARALIZZANO E IMPARARE A VIVERE IL MOMENTO PRESENTE

Traduzione di
Luciana Cisbani e Martina Mazzacurati

**BUR** Gatti Blu
Rizzoli

# SOMMARIO

# ESCI DALLA GABBIA DEI TUOI PENSIERI

*A Eugène, amico carissimo che*
*se n'è andato troppo presto*
*per aver creduto a uno Straniero.*

# PREMESSA,
# O PSICANALISI
# DI UNA TARTARUGA

Una tartaruga angosciata va dallo psicanalista. La sua più grande paura è quella di non riuscire a vivere più di cento anni. Distesa sulla schiena, parla della sua infanzia… Racconta di essere stata abbandonata su una spiaggia dalla madre, la quale l'aveva sepolta sotto la sabbia ancora prima che nascesse. Dopo essere rimasta lì sotto per novanta giorni, la notte in cui finalmente era riuscita a uscire dall'uovo aveva dovuto comunque fare tutto da sola. Appena nata, dunque, aveva corso senza nessun aiuto verso il mare. Nel cielo vagavano gabbiani e pellicani in attesa del momento propizio per gettarsi su di lei e mangiarsela; e lo stesso speravano di fare anche i granchi, nascosti dietro un sasso o un ramo di corallo. Una volta raggiunta l'acqua, le sue pene non erano certo finite: piccina com'era, doveva nuotare velocissima per sottrarsi ai predatori del mare. Soprattutto agli squali.

E suo padre e sua madre dov'erano? Da qualche parte nelle profondità dell'oceano a farsi gli affari loro. Probabilmente si erano dimenticati di lei già da parecchio tempo...

Mentre la nostra tartaruga si autocommisera parlando del suo passato – accusa, giudica, incolpa i genitori che non ha conosciuto – ecco che si sente soffocare. Il fegato e altri organi le stanno schiacciando i polmoni. È talmente assorbita dal disprezzo da non rendersi conto di quanto sia precaria la posizione fisica in cui si trova.

Lo psicanalista, dopo qualche minuto, le tende un bastoncino di legno e un sasso. La tartaruga volta la testa dall'altra parte, ma non riesce a nascondere il suo stupore davanti a quel gesto. Lo psicanalista, aggiungendo un piccolo movimento con i gomiti, insiste e le tende di nuovo il legnetto e il sasso. La tartaruga guarda i due oggetti con curiosità ma anche con un vago senso di rabbia. Prima cerca di decifrare l'espressione del viso del terapeuta, e poi con una smorfia offesa gli chiede se la sta prendendo in giro. Lui non risponde. Con lo sguardo e con la fronte le indica per la terza volta il contenuto delle sue mani. A quel punto la tartaruga scopre che può utilizzare come punti d'appoggio uno qualunque dei due oggetti per ritrovare la propria autonomia.

## CHIAVE N. 1 – NEL CASO NON FOSSE CHIARO

Inutile dire che non ho mai visto una tartaruga in cura da uno psicanalista, e che la mia è una metafora. Ti sarà forse capitato di vedere il celebre dipinto di René Magritte *L'inganno delle immagini* in cui è disegnata una pipa sotto la quale si legge la frase: «Questa non è una pipa». Alla fine della storia della tartaruga avrei potuto scrivere: «Questa non è una critica della psicanalisi». In effetti, io non so quasi nulla della psicanalisi, ma molte persone mi hanno confidato di avere avuto un enorme aiuto da questa forma di terapia.

Non accade spesso che vengano offerte delle chiavi che permettono di accedere all'universo delle metafore; solitamente queste rivelano da sole il loro messaggio, e basta così.

Questo libro desidera però rivolgersi sia a coloro che utilizzano il cervello sinistro che a quanti utilizzano quello destro. In realtà, si rivolge agli utilizzatori di tutti i cervelli disponibili. Per questo motivo, dopo che avrò raccontato molte storie, offrirò un set di chiavi che ci permetteranno di esplorare insieme il funzionamento della nostra mente e, *ça va sans dire*, anche il suo cattivo funzionamento!

Un esempio per tutti: mentre la nostra tartaruga è impegnata a scavare nel suo inconscio alla ricerca delle ferite che sono state rimosse, perde completamente la coscienza della situazione in cui si trova e non si rende nemmeno conto che l'aria raggiunge a fatica i suoi polmoni. La sua attenzione è totalmente risucchiata dalle immagini provenienti dalla memoria, e così non vede che potrebbe fare buon uso della sua intelligenza per trovare il prima possibile un modo di ricadere sulle quattro zampe. Ecco la vera priorità prioritaria! Fintanto che la sua attenzione rimane assorbita dal passato, la sua creatività non è disponibile per elaborare soluzioni che risolvano il problema che si è creata − brillante astuzia del terapeuta − sdraiandosi sulla schiena: le è impossibile arrampicarsi e anche semplicemente muoversi. Vediamo che non le viene in mente di chiedere un aiuto che le permetterebbe ritornare a una situazione di quiete o di movimento. La soluzione di un problema spesso è nel presente, ed è questo ciò che il lettore potrà scoprire nelle pagine che seguono.

Dunque, buona lettura.

«C'era una volta...»

«La soluzione di un problema spesso è nel presente».

# L'ALVEARE

È un giorno normale. Diciamo un lunedì, un altro grigio lunedì. Quel che si dice un giorno davvero normale.

Eppure niente è più lo stesso: nelle ultime ore è arrivata l'ape regina. Nessuno la conosce ancora, e del resto è impossibile conoscerla: appena arrivata si è chiusa nella sua celletta e si è resa invisibile. Una sparizione d'effetto, sconcertante, inaudita quasi. Ma la regina è presente, presentissima, la si sente ovunque. Come la paura.

È la prima volta, nella storia dell'alveare, che viene accolta una regina proveniente dall'esterno. Il consiglio l'ha invitata per via della sua reputazione, delle sue capacità.

Da quando è arrivata l'alveare continua a riempirsi di profumi. Nient'altro. Nessun messaggio, nessun segno, solo profumi. Però io provo una strana sensazione, come se pian piano non riuscissi più a governare i miei gesti. E poi mi succede qualcosa anche nell'addome, nella parte bassa, come se ci fosse un profumo…

Della regina non sappiamo niente. Su di lei circolano

voci. C'è un ronzio continuo di tutte le ali all'opera. Qui, quando non si sanno le cose, ci si inventa delle verità: una nuova diceria scalza le precedenti, le sostituisce, e si diffonde di favo in favo come le malattie. Un potente movimento frutto dell'ignoranza: non ci si fa più domande, si vogliono solo risposte. E perché queste non vengano poi mai rimesse in discussione, bisogna che ogni singolo occupante dell'alveare abbia la stessa identica risposta. È la legge decretata dall'angoscia.

E della nuova ape regina si dicono tante cose: che è bella o brutta, alta o bassa, forte o fragile. A seconda dei bisogni di ognuno e dei timori collettivi... Chi è? Cosa farà? Non si fa vedere, non si fa sentire, dunque nell'attesa che si manifesti tutti se la inventano.

Io però non ho aspettato, perché volevo sapere. Conosco i passaggi segreti, i corridoi, i tunnel. Li ho costruiti io! Be', diciamo che ho umilmente contribuito alla loro costruzione.

Mi sono avvicinata a passo di mosca o di ragno, quel genere di passi che non ha nulla da invidiare al silenzio, quegli spostamenti che nessuno è capace di sentire, nemmeno se è vicinissimo. Anche le farfalle fanno così.

Ho fatto un forellino nella cera. È stato faticoso perché le pareti sono spesse, fatte di più strati. Una blindatura, una protezione rinforzata che viene costruita quando esistono delle minacce. Mi sono tornate in mente le parole di mia madre, la regina precedente: «I muri che vengono innalzati o prolungati sono un modo molto potente, per chi li fa costruire, di diffondere la paura, di esporla a mo' di pubblicità; una sorta di schermo gigante su cui non è scritto niente, ma dove si possono leggere tutti gli orrori perpetrati in nome della sicurezza». Mia madre non blindava nulla, soprattutto non il suo amore.

Ora è stata sostituita. Ha passato quattro anni a covare duemila uova, giorno e notte, da febbraio a settembre. Un'impresa tanto banale quanto spettacolare: mettere al mondo ognuna di noi! Dopo che aveva deposto quattrocentomila uova, ci sono state molte api operaie che hanno smesso di nutrirla. Le sue prestazioni non erano più quelle di un tempo. E allora lei ha capito. Un mattino di aprile, prima che il sole potesse illuminare il suo volo, ci ha lasciate, accompagnata dalle sue più fedeli api nutrici. Ma prima mi ha confidato: «Bisogna saper andar via. Arriva un momento in cui la fertilità imbocca una nuova strada, ed è quella che si deve seguire. Ogni cosa è fertilità, anche la morte, ma tutti noi lo ignoriamo perché siamo in preda a uno strano fenomeno: l'attaccamento. Dentro di noi c'è qualcosa che non vuole scomparire: l'ego. Figlia mia adorata, dovrai diventare consapevole di cos'è l'ego, cioè quella montagna di identità che accumuliamo nel corso della vita. Ci aggrappiamo a ognuna di quelle identità proprio come fanno gli umani quando si aggrappano a una boa in mezzo al mare o si mettono l'imbracatura su una falesia, e non la molliamo più, perché abbiamo paura di smettere di esistere, di non essere più niente. Il ruolo di regina fa parte di queste identità, ma ce ne sono molte altre: l'aspetto esteriore, il nostro status sociale, le nostre occupazioni, il tipo di miele che fabbrichiamo. Lascio l'alveare, figlia mia, completamente libera dal bisogno di essere qualcuno. Mi sento più che mai feconda, vibrante di quella fecondità che nessuno può intaccare o distruggere: di quella misteriosa pulsazione che batte in ogni singola fibra. Non parlo di quella grazie alla quale avrei potuto fregiarmi di essere unica, una grandissima regina ovodepositrice – forse la migliore della storia –, e fare così in modo che nessuno si dimenticasse di me, ma di un'altra pulsazione, quella di cui tutti noi facciamo parte; io parlo di un flusso in cui la memoria non ha più alcuna importanza». Era come pervasa, attraversata, da una fremente dolcezza. Ha piegato le zampe, reclinato il capo, si è prostrata a lungo dinanzi alla covata di larve e poi è scomparsa nell'alba.

Avvicinando le antenne al favo ho sentito la nuova regina per la prima volta: erano dei ronzii secchi, freddi, pungenti come degli ordini. E poi l'ho vista attraverso un buchino. Non ce ne voleva uno più grande per vederla: lei occupa così tanto spazio da lasciarne davvero poco alle altre api.

Ho visto anche le mie sorelle e i miei fratelli, ma lo spettacolo è un po' brutale: tutti che chinano il capo, piegano le ali, si accalcano, si arrampicano, spariscono. Insomma, una sfilata di gesti indecenti, come lo sono quelli della sottomissione. Tutti accondiscendono perché la nuova regina ha ragione, ha sempre ragione; l'unica opinione ammessa è la sua e la afferma con una convinzione tale che induce a tacere, una fermezza che ti colpisce e ti confonde facendoti immediatamente cadere preda di mille dubbi. Il suo aplomb taglia le ali e fa sentire che è pericoloso pensarla diversamente. Dunque tutti assecondano, si nascondono, si volatilizzano.

Io osservo la scena. Posso farlo perché nessuno sa che sono qui. Mi sono mossa con prudenza, non ho chiesto la complicità di nessuno, non ho fatto domande e non mi sono confidata con nessuno. L'intuizione mi è venuta dalla paura che c'è nell'aria: non bisogna contare su nessuno!

La regina è lunga, gigantesca, con gli occhi che sembrano due enormi buchi neri capaci di aspirare tutto quello che hanno intorno, di aspirare l'aria, soprattutto, e con l'aria anche l'esistenza degli altri. Lei incute soggezione, anche perché sa di farlo. È l'unica detentrice della verità, e diversamente dalle regine che l'hanno preceduta non ha tentennamenti, sembra non sapere cosa sia un dubbio.

Mentre la sto guardando, lei inizia a sfondare, mettendosi a testa in giù, la copertura del suo alveolo. La osservo e sono pietrificata, paralizzata da quell'esibizione di orgoglio e arroganza. Niente può resisterle. Sotti i colpi di ariete che squarciano la membrana, la parete alla fine si spacca. Agisce con una sicurezza davvero notevole. Dietro di sé lascia però intonse delle pareti liscissime che sono in grado di riflettere come specchi. Di sicuro ci si è rimirata a lungo. In certi punti le sue forme rimangono quasi incise; come uno stampo di se stessa scavato nella cera. Si direbbe quasi che abbia immerso tutto il suo corpo nella materia che la circonda, come se fosse stata attratta dal bisogno di abbracciare l'immagine di se stessa. Magari è rimasta anche soddisfatta delle tracce che ha lasciato lì, e comunque sia ora ha deciso di uscire. Con le sue lunghe zampe gialle inizia a vagare tra i favi. Nessuna, fra le api operaie, ha delle zampe altrettanto gialle e altrettanto lunghe. Le sue sembrano d'oro. Delle fibre d'oro, snodate, che mentre avanza si allungano.

In quello stesso momento, ecco che altre regine rompono il loro opercolo. Sono pallide, titubanti. Loro sono quelle che la comunità ha nutrito con la pappa reale, fabbricata lentamente – il latte delle api a cui non abbiamo aggiunto il polline. È questo il modo ancestrale con cui noi concepiamo le nostre madri… La nuova arrivata le attacca immediatamente, in maniera subdola, e le uccide. Deve rimanere soltanto lei, e nessun'altra. Da questi combattimenti esce indenne; sembra che niente possa colpirla. Le api operaie raccolgono i corpi agonizzanti che ha lasciato dietro di sé. Le future regine, così amate, ormai sono già cadaveri.

Un giorno normale, un grigio lunedì. Ma di normale non c'è più niente. Tutto è successo piano piano, *impercettibilmente* – ecco la parola giusta. È iniziato un nuovo modo di vivere, di fare le cose; come se a dirigere ogni nostro movimento ci fossero dei fili. Le nostre ali, le nostre antenne, i nostri aculei si muovono ormai seguendo ritmi indipendenti dalle nostre volontà. Non ce lo saremmo mai immaginato. Il lavoro quotidiano era molto impegnativo, richiedeva mille piccoli gesti da compiere e un alto grado di attenzione. Eravamo assorbite con tutto il nostro essere a sigillare, difendere e riscaldare, a passare in rassegna migliaia di celle, per pulirle, e poi con continui voli avanti e indietro per trovare l'acqua, raccogliere il nettare, il polline, la propoli. Vedo tre api operaie darsi ancora da fare in un favo. Ma non sanno bene come muoversi, e non fanno più come facevano un tempo. Non possono, perché ormai tutto è diverso. A partire da quel profumo…

Nel mio addome c'è qualcosa che si agita: sento come un'interruzione, un movimento che sta per finire. Non soffro, non sento male, cioè, non nell'addome. Sento solo quella specie di formicolio, un qualcosa… La vita che si raffredda.

Fuori fa un caldo torrido. Da settimane c'è un vapore denso che appesantisce i voli delle api operaie. Le più vecchie, addette al bottinaggio, rientrano coperte di piaghe. Non occorre che ci raccontino nulla, capiamo subito tutto dal loro aspetto, che è come un reportage dal vivo: le loro teste, rinsecchite come granelli di sabbia, sono sul punto di staccarsi. Mormorano: «Le verdure sono tutte raggrinzite, la terra, ormai spaccata ovunque, non ha più nulla da offrire. Dove prima trovavamo stagni e laghi, adesso sorvoliamo grandi distese di polvere e rocce. Tutto ciò che vivo manca completamente d'acqua. Si vedono alberi con la corteccia tutta crepata e le foglie accartocciate. Ai piedi dei tronchi ci sono lupi e lepri sfiancati e con la lingua di fuori, alla ricerca di un'ombra che non c'è. Il sole è nascosto da un velo denso che gli umani chiamano smog. Nei pascoli, le mucche e le pecore si leccano il pelame, forse nel tentativo di abbeverarsi con il loro stesso sudore. Da diverse lune la pioggia non cade più; i luoghi in cui facevamo rifornimento di cibo non esistono più, e ci sono solo dei crateri. Abbiamo perso i nostri punti di riferimento, e voliamo sopra campi che gli uomini cospargono di potenti pesticidi. Rimaniamo così stordite che a volte cadiamo; sbattiamo contro sassi, rami e tetti roventi. Ormai capita spesso di vedere decine di nostre simili ammonticchiate nelle grondaie, sfinite, che sbattono le zampette nell'ultimo tentativo di ritrovare la loro leggerezza. I fiori sono appassiti e non producono più il nettare necessario alla fabbricazione del miele; i loro gambi si sono afflosciati e i petali sembrano grattare la terra alla ricerca di un'energia che non ricevono più dalle radici. La siccità penetra qualunque cosa, perfino le nostre sorelle. È diventato difficile sostenerci tra noi, e si sono ormai create delle tensioni: c'è chi viene aggredita in pieno volo, a tradimento; c'è chi usa il pungiglione per colpire al ventre una sua simile. Si combatte per quel poco polline rimasto, anche se si tratta di rimasugli, di briciole. La collaborazione si è trasformata in scontro, e la comunità in un campo di battaglia. Non riusciremo a sopravvivere se privilegiamo questa nuova tendenza, questo nascondersi dietro all'"ognuno per sé". Nessun miele potrà essere fabbricato nell'isolamento. Nessun'ape bottinatrice può pretendere di riuscirci da sola, e lo stesso vale per l'ape ricevitrice: le ali della prima sono fondamentali per la gola della seconda, e viceversa. Dobbiamo trovare il modo di tornare a essere quello che siamo realmente, dobbiamo recuperare quello che ci lega, ritrovare la nostra essenza. La nuova regina forse saprà farlo...».

Una luce, molto flebile, vibra nelle loro pupille granulose: *la speranza*.

Continuo a osservare la sovrana. Dopo la carneficina fatta, si liscia per bene le zampe, e con la punta delle antenne e del pungiglione si toglie di dosso i pezzi di carne rimasti attaccati ai tegumenti. Si ripulisce con estrema cura, e il modo in cui si sfrega mi fa venire il capogiro, che è poi il più grande terrore di un'ape!

Sento che fatico a rimanere in volo.

Ogni suo gesto è un avvilente mix di indifferenza e soddisfazione. Ormai ha finito, dunque modifica la postura, rotea la testa e rientra nella celletta in cui si era rifugiata prima. Ora però sembra accorgersi del forellino attraverso cui la sto osservando. Si blocca, immobile, proprio davanti a me. Io esito a togliere l'occhio: è impossibile che riesca a vedermi, il forellino è minuscolo, ho preso tutte le precauzioni. Dunque rimango lì.

La regina avanza verso di me, l'odore di profumi si intensifica e sembra quasi che lei mi fissi. Nella penombra, l'oro delle sue zampe brilla. Io entro in uno stato di trance simile a quello da cui vengono colti gli umani quando sono punti dal nostro pungiglione e hanno in circolo il nostro veleno. Ma ecco che all'improvviso lei esce dal mio campo visivo. Silenzio. Ho tutti i sensi all'erta, quando avverto un rumore che mi fa sobbalzare: qualcuno gratta sulla parete opposta. È lei, lì, vicinissima, sento la cera vibrare, sento che sta esplorando il muro che ci separa. Lo ispeziona con molta cura, sfregandosi anche con il corpo. Ho il cuore che accelera come quando sono in volo. Mi accorgo che alcune api operaie stanno raccogliendo i detriti causati dal suo ingresso dirompente. Dopodiché, più niente. L'oscurità. Capisco però che tutto quel nero che copre l'estremità opposta del piccolo tunnel in cui mi trovo è il suo occhio. Sono in preda al panico, ma non mi muovo: voglio capire, voglio sapere. Mi sento come dentro una cantina, una grotta. Inizio a scavare per trovare qualcuno, ma niente. Totale assenza di vita, solo il vuoto. Resto disarmata davanti all'insensibilità che accompagna questa mia ricerca. Eppure, per assurdo, provo quasi una sorta di gioia, quella che vediamo quando una di noi racconta le proprie imprese e denigra l'operato delle sue consorelle, quel senso di superiorità determinato dalla quantità di nettare buttinato o dal tempo passato volando ferme sopra un fiore. Insomma: l'ebbrezza del potere.

Non ce la faccio proprio più, ho voglia solo di una cosa: scappare! Ho bisogno di uno sguardo diverso per convincermi che ho torto, che sto interpretando male quello che vedo, che da qualche parte la vita è sempre presente. Invece sono inchiodata qui, dominata da questa freddezza. Non riesco più a muovermi, risucchiata da una doppia forza che neutralizza tutte le mie: l'insensibilità verso la vita e il terrore che questa semina.

La regina non può avermi riconosciuta, lei nemmeno mi conosce. Ha affondato la sua violenza dentro il mio sguardo, per colpirmi, e sta quasi per riuscirci. Ma non può aver visto cosa sono, non può. Il suo occhio, quello puntato su di me, è talmente pieno di sé che non può vedere nient'altro. Io però sento svanire tutti i miei sogni, e con loro anche le mie facoltà. Compresa quella di amare.

Nel momento in cui la sua indifferenza sta per avere la meglio su di me, una violentissima spinta mi scaraventa lontano dal forellino. Perdo l'equilibrio e mi ritrovo distesa sulle ali con le zampe all'aria. China sopra di me, una delle mie sorelle: «Che cosa stavi guardando?».

Tutto il suo corpo è concentrato su quella domanda. Ha un'aria impaurita, ma prosegue: «Avresti dovuto vederti, sembrava che di te non fosse rimasto più niente, solo una carcassa priva di peso. Per farti cadere sarebbe bastato un colpo d'ali».

Evito di rispondere alla sua domanda. Sono ancora sotto choc per quello che ho visto per la prima volta in vita mia: l'insensibilità e i disastri che può fare.

Riesco solo a mormorare:

«Tu che ci fai qui?».

«La stessa cosa che fai tu.»

«E cioè?»

«Anche io sono curiosa, e dovresti saperlo, visto che mi conosci da quando siamo nate.»

In effetti noi due lavoriamo insieme da quando siamo arrivate in questo mondo, cioè da trentacinque giorni. Un'eternità, visto che ne viviamo quaranta! Abbiamo costruito insieme alveoli, tunnel e passaggi segreti. Abbiamo assaporato la gioia della complicità mentre fabbricavamo quello che ci lega ai fiori e agli uomini. E abbiamo scoperto che il senso della nostra esistenza risiede proprio in quello: nell'apprezzare il legame che vede abolire tutte le differenze. Abbiamo unito i nostri sforzi in una solidarietà che placava le nostre paure, ma ora ci sono questi profumi… E mia sorella può solo provare il mio stesso sgomento.

Lei non sa ancora niente, a parte il calore che c'è là fuori. Le racconto come stanno le cose: le dico della nuova sovrana, della sottomissione delle nostre compagne, della morte delle altre regine, del mio addome che sembra anestetizzato. Le dico proprio tutto, e insisto in particolar modo sul vuoto che c'era in quell'occhio:

«Lì dentro io ho visto il vuoto. Un'assenza terribile, uno spazio dove non c'è posto per la vita altrui. O ancora peggio, un luogo in cui l'altro è solo un ostacolo da eliminare, una seccatura».

«Ma cosa stai dicendo?»

«È qualcosa di più grave del vuoto, te lo assicuro. Si tratta di una negazione della vita, e di conseguenza di tutto ciò che è vivo.»

La mia compagna è esterrefatta. Io devo fermarmi. Non riesco a credere a quello che sto dicendo. È come se stessi ingoiando il mio stesso veleno. In quel momento però mi viene in aiuto la paura, ed è lei a darmi lo slancio necessario per proseguire:

«Tu dici che magari avrei potuto vedere oltre quel vuoto? Più lontano? Vedere una luce, una fiammella che mi permetterebbe di credere che lei è in grado di riconoscere tutto quello che procura dolore? Ma ti giuro che non c'era niente: nel suo occhio non esisteva proprio nulla, né la fragilità dell'altro, né la sua vulnerabilità».

Mia sorella mi risponde, esitante:

«Non ne ho idea. Io però so che non è soltanto il caldo a opprimerci. Anche io, come te, ho le stesse sensazioni all'addome. E una cosa mi sembra di capirla: questi profumi soffocano tutto quello che permette alla vita di continuare, cioè i brividi, il pianto, le risate. Tutto quello che vibra. Ho come l'impressione che arriveranno a distruggere anche le nostre ovaie. Infatti c'è questa strana sensazione che proviamo dentro la pancia… È anche per questo motivo che sono venuta qui».

Fa una pausa e posa la testa su una delle sue zampe, come a volersi riposare. Poi prosegue:

«Credo sia possibile vedere quello che c'è dietro l'indifferenza. Ma in questo caso non sono certa che si tratti di indifferenza».

«E allora di che si tratta?»

«Ricordati le parole che nostra madre ha detto poco prima nel suo ultimo volo: l'attaccamento a…»

Una violenta scossa la interrompe. A tremare è l'intero

alveare. Le pareti e i soffitti vengono scossi da un'onda e si crepano. Ci occorre un po' di tempo prima di capire che non si tratta di un terremoto, ma che quello è il richiamo della regina.

Un lunedì, un altro grigio lunedì. Eppure tutto è cambiato. La nuova Madre ci convoca in assemblea straordinaria. L'incontro si svolgerà all'aperto, davanti all'uscita dell'alveare. Ci chiede di formare un unico sciame, e precisa: «In modo che possa vedervi tutte una a una». Mia sorella si volta verso di me: «Forse adesso finalmente capiremo».

Voliamo al centro di una nuvola talmente compatta da sembrare un mattone. È presente tutta la colonia. La tensione rinsalda i legami, tanto che dobbiamo stare doppiamente attente per evitare che le nostre ali si scontrino. Il bisogno di stare vicine tra di noi potrebbe facilmente trasformarsi in una trappola e farci cadere.

La regina è da sola davanti a noi. Sembra prolungare volutamente il suo silenzio mentre con lo sguardo passa in rassegna il suo sciame. Mi sento scrutata, personalmente, e avverto che tutte noi stiamo provando la stessa sensazione. Se non fossimo obbligate a muoverci leggermente per rimanere in volo, saremmo totalmente immobili, come dei soldati umani sull'attenti. Lei fa in modo che quell'attesa duri. Quel suo occhio, sempre così vuoto, non aiuta certo a placare i miei timori, anzi, ne fa sorgere altri ancora più profondi.

«Sono la nuova regina… La vostra ultima regina!»

Il ronzio generale aumenta: come l'ultima regina? Lo sciame si dilata, si contrae, si dilata. Cerchiamo risposte rimanendo sempre dentro a quel frastuono.

Pian piano iniziamo a rallentare il battito delle ali e raggiungiamo la soglia di frequenza che permette di mantenerci in volo. Se non fosse per il rumore delle nostre ali, non si sentirebbe volare una mosca. Nell'insopportabile calura che i nostri corpi stanno patendo, la sovrana rimane gelida come il ghiaccio. Con il distacco tipico dell'insolenza, prosegue dicendo:

«Dovreste rallegrarvi, poiché avete il privilegio di assistere a un evento del tutto inedito nella storia delle api. Direi di più: nella storia dell'esistenza stessa! Gli uomini hanno modificato la mia genetica. Solitamente quando una regina è stanca viene sostituita. Bene, nel mio caso questo non sarà mai necessario. Nel mio corpo sono stati introdotti dei nano-organi, e sono dunque dotata di un'intelligenza chiamata artificiale. Sono il maggiore cambiamento introdotto dalle origini dell'universo, sono una modifica radicale dell'evoluzione, la prima rappresentante del futuro. E sono spiacente di comunicarvi che presto non ci sarà più bisogno di voi! Stanno infatti per arrivare le vostre sostitute».

«Le nostre sostitute…?» Il movimento dello sciame si fa caotico. L'agitazione ci separa le une dalle altre, alcune di noi iniziano a cadere come fossero travolte da una turbolenza. I tratti della sovrana non esprimono nessuna compassione. E peraltro mi domando perché ci abbia avvertite. Sospetto che la motivazione risieda nel piacere di mettersi in mostra. Forse sono stati gli uomini a trasmetterle questo bisogno. Sempre esultante, la sovrana prosegue:

«Bisognava frantumare tutti i limiti. Quelli dei vostri corpi, delle vostre ali, dei vostri voli. Occorreva superarli, andare oltre. Non eravate più adeguatamente produttive, efficienti, e dunque una trasformazione diventava necessaria. Gli uomini sono riusciti a farlo, e io sono la materializzazione di questa impresa».

La regina si alza in volo, lentamente, planando sopra l'intero sciame. Sembra quasi diventare più grande. Forse è un'allucinazione, o qualcosa che si sta impossessando di noi. La cosa strana è che più la sua immagine ci soverchia, come un'ombra, più la sovrana sembra allontanarsi; come se il risultato di invadere le nostre coscienze fosse quello di disconnettersi da quello che siamo noi, dalle nostre vite.

Lei è sola, e noi siamo migliaia. Eppure la paura ci taglia le ali. Così lo sciame perde quota, la coordinazione, l'armonia dei nostri gesti è totalmente persa. Il caos aumenta, e quell'equilibrio che garantivamo collettivamente si è spezzato per sempre. Adesso ognuna tiene d'occhio l'altra, è la diffidenza a farci muovere le antenne e tutto quello che vibra in noi. Anche il minimo sfioramento viene percepito come una minaccia, così capita che puntiamo il nostro pungiglione contro le nostre sorelle. La regina riprende:

«Prima di andarvene, avrete alcuni compiti da svolgere: il primo consisterà nel sigillare gli opercoli in modo tale da sterilizzare l'alveare. Utilizzerete come sempre il polline, e anche se ce n'è poco, farete in modo di trovarlo».

Il tono è imperturbabile. Una lama di rasoio non potrebbe essere più tagliente. E continua:

«I bozzoli si seccheranno e le ninfe si disidrateranno. Dopo occorrerà ripulire. Comunque sia, a breve i corpi non avranno più importanza; non ci sarà più bisogno di cuori, di antenne o di teste nel mondo di cui io sono il prototipo. Io e i miei simili saremo quel mondo!».

Mia sorella mi si avvicina e, con un discreto movimento della testa, mi suggerisce l'idea di fuggire. Le nostre ali si toccano, io spicco il volo e urto alcune delle compagne. Queste mi spintonano come se lo avessi fatto apposta; abbiamo tutte i nervi a fior di pelle. Riesco bene o male a trovare uno spazio per volare, e cerco a mia volta di muovermi in maniera discreta. Faccio presente a mia sorella che secondo me è impossibile andarsene dallo sciame.

«Anche se siamo in ottantamila a volare tutte insieme, un gruppetto che se ne va lo si noterebbe comunque. E poi non sappiamo cosa hanno messo gli umani nell'occhio della regina, magari un sensore… C'è da andare in paranoia.»

Siamo talmente vicine una all'altra che due sorelle si uniscono alla nostra discussione e si schierano dalla mia parte:

«Noi sappiamo di cosa sono capaci gli umani. Sanno ingegnarsi per ideare dei sistemi di sorveglianza e di controllo. La loro ossessione per la protezione è pari solo all'intensità della loro paura: ci riempiono di fumo quando è il momento di avvicinarsi all'alveare, ci soffocano per renderci inoffensive, ci asfissiano per disarmarci. Così, sopraffatte dallo stordimento, in stato di incoscienza, noi perdiamo la capacità di proteggerci. Chi può sapere cosa hanno inserito nella regina? Ricordiamoci che ci sono tutti quei profumi, e poi il caldo…».

I nostri bisbigli si mischiano ai borbottii collettivi. La sovrana, che apparentemente sembra non prestarvi alcuna attenzione, si rivolge di nuovo a noi:

«Non avremo più bisogno di maschi. Da secoli le regine rientravano nell'alveare con gli organi genitali dei fuchi ancora attaccati al loro addome, risultato di uno strappo secco dopo la copulazione. Un'epoca davvero ridicola! Non ci sarà più nessun volo nuziale. Finita anche quella perdita di tempo!».

Ecco levarsi un nuovo brusio, proveniente dalla sezione dei fuchi. Questi se ne stanno tutti insieme, a ranghi stretti; il fatto di isolarsi sembra dare loro una certa sicurezza. Forse non sanno che il nervosismo non ha sesso, e nemmeno il terrore, e che stiamo condividendo la stessa sofferenza. Forse hanno dimenticato di non avere il pungiglione e che per difendersi devono contare su di noi. Hanno sempre ritenuto che le femmine dovessero essere al loro servizio, e anche adesso, compatti come un plotone, ci stanno giudicando e si chiedono se noi saremo alla loro altezza... Il senso della loro vita gravitava attorno a un unico sogno: fecondare la regina. Nell'attesa della danza della fecondazione, molti fuchi non facevano nient'altro se non lasciarsi nutrire. Degustavano a malapena quello che gli portavamo, e dedicavano tutta la loro energia a ripetersi che ognuno di loro sarebbe stato il fortunato prescelto. Dunque, niente di strano che adesso borbottino così tanto!

Nel frattempo la regina non la smette di autocelebrarsi:

«Non saremo più dipendenti dal nettare, perché troveremo altrove e in altro modo la nostra energia. Attualmente gli uomini stanno approntando delle pile alimentate dal vento e dal sole; queste saranno sostituibili, proprio come voi. E il giorno in cui il vento e il sole scompariranno, gli uomini avranno trovato qualcosa d'altro. Del resto ci stanno già lavorando! Saremo dunque perfettamente autonome e potremo realizzare senza alcuna difficoltà il nostro nuovo destino: trasportare la loro memoria!».

Mia sorella si agita. Con un colpo di zampa fa il gesto di tagliarsi la gola. Vuole farmi capire che non ci rimane più molto tempo, che occorre trovare una soluzione. La invito a stare calma, malgrado le circostanze.

Guardiamo la regina contemplare se stessa nei nostri sguardi: a sua disposizione ci sono ottantamila paia di occhi che le danno la sensazione di esistere, di essere qualcuno. In quel suo atteggiamento è già presente la memoria degli uomini: hanno trasferito nei suoi circuiti il loro puerile bisogno di attenzione. Hanno trasferito in lei il loro ego!

E naturalmente prosegue:

«La natura non avrà più alcuna utilità. I problemi ambientali troveranno una loro soluzione, dal momento che l'ambiente stesso avrà fatto il suo tempo e cadrà in disuso. Caldo, gelo, siccità, inondazioni, uragani non saranno più fonti di preoccupazione poiché i cambiamenti climatici apparterranno a un'epoca remota, vale a dire quella in cui esistevano ancora i climi. E anche se al mondo non restasse più nessuno a preoccuparsi di questo, non ci interessa, perché si sarà comunque conservata la cosa più importante: l'"io" degli uomini. Io sono stata concepita per esserne la depositaria; una sorta di bunker, ancorché in formato ridotto, per ospitare l'ego. Grazie al loro ingegno gli uomini sono sempre stati capaci di ridurre in miniatura le loro invenzioni, e ora hanno ideato il più grande di tutti i loro capolavori: me! Una micro cassaforte alata in cui verranno conservate le loro identità. Le mie ali le trasporteranno nel tempo e nello spazio, facendo sì che l'uomo possa dire: "Io esisto! E probabilmente in eterno…"».

La regina è completamente inebriata dal proprio discorso. Eccolo lì, l'ego in miniatura. Un ronzio sempre più crescente ci fa capire che sta per esibirsi in un'altra impennata lirica:

«Le specie viventi si estingueranno una dopo l'altra, ma io sopravvivrò a tutte loro! Io non ho bisogno di acqua, di fuoco, di aria o di cibo; non avremo più fame, più sete, più dolore. Non saremo mai stanche, e non dovremo mai più accudire. Non ci sarà più bisogno di prati, di campi, di pascoli; e nemmeno ci interesseranno più i fiori, gli stagni, le stagioni, i mesi di maggio, giugno o luglio. Montagne, fiumi, pianure: tutti inutili. Tramite me, l'evoluzione giungerà al termine: io sono il trionfo del Big Bang!».

Accoglie la sua stessa ovazione stando in piedi, mentre ognuna delle sue zampe applaude:

«Gli uomini sono riusciti a trasporre il contenuto della loro memoria nei nanocircuiti che compongono la mia anatomia: io conservo le loro conoscenze, le loro credenze, il contenuto dei loro pensieri, l'insieme di tutte le informazioni a cui hanno fatto riferimento. Hanno trasferito in me quello che li distingue gli uni dagli altri: religioni, nazionalità, culture, razze e lingue. Insomma, tutto quello che permette loro di dire che sono diversi, unici, speciali… È per questo che le foreste, i mari e i vulcani possono anche finire disintegrati: la cosa fondamentale è salva!».

La sovrana si gratta un po' la testa usando tre delle sue zampe tutte insieme:

«E anche se un giorno la Terra non esisterà più, io avrò comunque nei miei circuiti la memoria dei territori che gli uomini avevano tracciato o di cui avevano preso possesso. Le intelligenze artificiali potranno rivendicare foreste, deserti e fiumi poiché, anche se scomparsi, i terreni, le aziende agricole e qualunque altro tipo di eredità esisteranno sotto forma di unità di stoccaggio. Dunque i conflitti che tanto appassionano gli umani saranno ancora possibili; in tal caso basterà mettere a confronto le varie registrazioni. A dirigere quelle dispute ci sarò io, e farò in modo che nulla vada perso. Si sa, i bug sono sempre dietro l'angolo! Le unità di stoccaggio potranno andare fiere di detenere dei propri archivi, perché grazie a questi ultimi possiederanno una loro identità e vedranno dunque legittimata la sensazione di esistere, di essere vive».

Mia sorella vacilla, cerca un sostegno, perde quota, vola a scatti. Mi posiziono sotto di lei e l'accolgo sulla mia schiena per darle il tempo di riprendersi.

In quello stesso istante appaiono altre regine, simili alla prima. Da dove arrivano? Non è facile capirlo. Sbucano da destra, da sinistra, dall'alto, dal basso. Sono in tutto e per tutto identiche alla sovrana. Mentre ci circondano, lei ci dice:

«Ecco le vostre sostitute: iperefficienti, imperturbabili, insensibili. La sensibilità è obsoleta, non ne avremo più bisogno. La sofferenza è eliminata. Fine anche dell'etica, del rispetto, della cortesia e di tutte quelle cose futili. Quanto tempo abbiamo perso, negli anni passati, con queste considerazioni che non hanno nessun rapporto con l'efficacia? La nostra missione è cambiata: noi non fabbricheremo più miele. Avremo un solo obiettivo: salvaguardare le immagini che gli uomini si sono costruiti. Riprodurremo per l'eternità le molteplici storie che sono riusciti a comporre dopo le parole "io sono"; quelle rappresentazioni che hanno dato a ciascuno di loro la sensazione di esistere sotto forma di squadra sportiva, partito politico, nazione, religione o qualunque altra entità che sono riusciti a inventarsi. Tutto il resto potrà anche scomparire, persino la vita. E del resto, che utilità avrebbe? Ormai è superata».

Le regine iniziano a volare attorno a noi, trionfanti.

«Questi sono i vostri ultimi giorni. Noi non vi uccideremo, vi lasceremo morire di vecchiaia. Perché mai sprecare la nostra energia, anche se è rinnovabile?»

Non un'emozione trapela da queste parole. La sovrana sa il numero di giorni che ci rimangono. Un calcolo freddo, e del resto in lei tutto è calcolo. Dalle inflessioni della testa, dalla posizione delle ali fino ai movimenti del corpo. Sette o otto giorni, è questo il tempo che ci resta. Dopodiché verremo brutalmente espulse dalle nostre vite.

«Potete andarvene. È iniziata la nuova era!»

Alcune regine si fanno da parte, e così nella sfera che avevano composto accerchiandoci si apre una sorta di porta, di uscita. Non abbiamo scelta, le loro zampe ci mostrano la direzione. Molto lentamente, iniziamo ad alzarci in volo... Una colonna di api operaie e di fuchi si allontana a poco a poco dall'alveare. Nessuno sa realmente dove andare. Voliamo senza meta, in balìa dei capricci del vento. Battiamo le ali meccanicamente. Abbiamo perso qualunque voglia di andare avanti.

Un lunedì. Un altro grigio lunedì. Ora di normale non c'è più niente. Mia sorella mi invita a seguirla e mi trascina dentro la fessura di un sasso.

«Qui staremo in pace. Non possiamo fidarci di nessuna delle nostre compagne. È pericoloso giocare con la paura!»

Si addentra nel sasso costeggiando la parete del piccolo crepaccio.

«Oltretutto qui c'è fresco, e siamo all'ombra.»

Poi inizia a grattare con violenza la superficie della roccia. Ho paura che si ferisca, dunque intervengo:

«Smettila, così ti fai male! Cosa stai facendo?».

Lei si mette a grattare ancora più forte, dando dei colpi. Una zampetta di ape che prende a martellare un grosso sasso per romperlo. Immagino che sia un tentativo di esplicitare la sua impotenza davanti a quello che sarà il nostro destino.

«Io non potrò mai essere regina!»

«Ma che dici?»

«Quel profumo ha distrutto le mie ovaie...»

Mi sento impallidire. Cosa davvero rara per un'ape. Però visto dove ci troviamo, nel buio di questa fessura, non può accorgersene. Sfregandomi delicatamente contro di lei, le esprimo il mio stupore: come può commiserarsi per il suo destino quando è l'intera specie a essere minacciata? Lei non sa bene cosa dire, parla dei suoi sogni:

«Credevo che se ci avessi messo tutta quanta la mia energia i miei sogni si sarebbero realizzati: diventare regina, generare un intero alveare, essere l'unica madre di ottantamila discendenti; lasciare un segno nella storia della nostra specie deponendo un numero di uova mai visto prima di me, essere capace di un'impresa tale da meritare di essere narrata per generazioni e generazioni. Essere indimenticabile, vivere eternamente nelle storie che si sarebbero raccontate su di me».

Si interrompe e ricomincia a colpire la superficie del granito, tanto da spezzarsi una zampa. Mi avvicino e tento di calmarla accarezzandole un'antenna, e lei aggiunge: «È andato tutto a gambe all'aria... È la fine! A cosa posso servire io adesso?».

Non ho la minima esitazione: «A far sì che la vita continui». Lei sembra calmarsi. Si massaggia l'arto rotto, e per aiutarla inizio a massaggiarlo a mia volta. Mentre mi lascia fare, chiede: «E come si fa... a far sì che la vita continui?».

«Rimanendo sensibili a tutte le sue varie manifestazioni.»

Comincio a massaggiarle la testa, il torace, l'addome. Mi fermo per sentire l'interno che sussulta e poi si placa. Regolo l'intensità della mia pressione: passo dalla leggerezza al semplice sfioramento; a volte il tocco è più incisivo. Il suo corpo rallenta ovunque. Ora sono le mie zampe a mormorare: «Siamo state bandite, ma la regina non ci ha rubato la nostra facoltà di amare».

Mia sorella si abbandona al mio tocco, lascia che io la curi, posa la testa sul mio torace, abbassa le antenne: «Ho capito».

Le ultime resistenze si sciolgono, e rimangono solo le mie carezze che scivolano sul suo silenzio. Uso le ali per sussurrarle:

«La vita non è stata creata dal cervello degli uomini. Gli uomini sono solo una delle sue forme. La cosa curiosa è che adesso loro credono di essere qualcosa di distinto da lei. Come gli adolescenti che sfidano i propri genitori (e io ne ho visti a dozzine stando vicino ai vasetti di marmellata…), gli uomini ritengono di non averne più bisogno. A furia di voler essere unici hanno sviluppato la sensazione di non appartenere più a quell'insieme che tutti noi formiamo, quel mistero che ci collega gli uni agli altri, e si comportano come se loro ne fossero definitivamente al di fuori. Investono tutto il loro futuro nei ricordi e hanno dimenticato da dove provengono. Nella loro eterna ricerca di andare oltre le cose, hanno finito con l'oltrepassare lei, la vita…».

Mia sorella mi lancia uno sguardo riconoscente. In alcuni templi dove mi è capitato di andare a buttinare (ci sono dei fiori stupendi accanto alle statue!) definirebbero quello sguardo come un "offerta". È un genere di sguardo all'interno del quale più che contemplare se stessi, come faceva la regina, si penetra l'altro essere e ci si meraviglia della presenza che vi si trova. Quell'incontro, in cui sia io che lei siamo ben più che nude, mi sprona a proseguire:

«Ci hanno esiliate, ripudiate, umiliate, ma la nostra capacità di curare resta intatta. Non dobbiamo lasciare che una creatura ci tolga questo; e soprattutto non una regina artificiale. Se una di noi si strugge nel rimpianto di non aver potuto essere speciale o eccezionale, significa che concede a quella falsa regina un potere che non ha. Quando dedichiamo la nostra attenzione a confrontare ciò che siamo stati con ciò che avremmo potuto essere, perdiamo il contatto con quelle che sono le nostre facoltà più preziose: meravigliarsi, costruire, creare, nutrire, imparare, trasmettere e molto altro… Queste capacità sono qui, dentro di noi, ma non servono perché non ne siamo più consapevoli. Invece di essere connessi al reale, vaghiamo in qualcosa che non esiste più, cioè il passato. La vita chiede solo di potersi esprimere».

Mia sorella attacca le sue ali contro le mie, preme forte per farmi sentire il suo sostegno. In segno di solidarietà, posizioniamo in verticale le nostre ali. Io continuo a massaggiarle l'arto ferito:

«Isolandosi dalla vita gli uomini si isolano da tutto quello che vi è collegato, e dunque anche da quello che un giorno avevano chiamato tenerezza, affetto, amore. Sta a noi evitare questa trappola».

All'improvviso sento una carezza sulla mia testa. Mi muovo leggermente, così da riuscire a ricevere tutto quello che ha da darmi. Mia sorella se ne accorge e inizia a canticchiare un motivetto che avevamo sentito in un giardino, mentre volavamo sopra una culla. Una madre stava facendo addormentare il suo bambino. Mi sembra di sentire la nostra, di madre, quando se ne è andata. Il canto era lo stesso: «Mi sento feconda ora più che mai. Vibro di quella fecondità che nessuno può intaccare o distruggere, di quella misteriosa pulsazione che batte in ogni nostra singola fibra». Mia sorella adatta il motivetto al nostro linguaggio, mi culla qualche istante, mi accarezza di nuovo e poi aggiunge:

«Ho capito quello che mi vuoi trasmettere, e questa carezza ne è la prova. Ho appena imparato che ogni carezza è diversa da tutte le altre, che non ne esiste una simile a quella precedente. Ma per scoprirlo occorre togliere l'attenzione dal mondo della memoria, e abbandonare ogni forma di attaccamento per apprezzarlo, compreso l'attaccamento ai propri sogni».

Si interrompe, sottrae un po' di complicità al silenzio, e poi confida a se stessa:

«Posso sognare senza attaccamento...».

Se le api fossero capaci di sorridere, è quello che avrei visto in quel momento nella parte bassa della sua testa, appena sotto gli occhi: un sorriso come se ne vedono nelle culle in risposta a una carezza. A quel punto mi attivo:

«Dobbiamo andarcene da questa fessura, uscire dall'ombra. Dobbiamo trovare altre sorelle, più giovani o più vecchie, più deboli o più forti, non cambia: sono tutte quante importanti. Forse ritroveremo nostra madre... Non è vero che tutto è finito. Adesso sappiamo che a proteggere la vita non saranno gli uomini, e che spetta solo a noi garantire che questa continui. Abbiamo qualche giorno per costruire un nuovo alveare, da un'altra parte, in clandestinità, certo, ma che importa! Trasporteremo tutto il polline che troveremo da un fiore all'altro, cospargeremo i pistilli nonostante il caldo, nutriremo nostra madre, chissà, o magari quella che verrà dopo di lei. E una cosa soprattutto faremo: abbandoneremo il bisogno di essere unici».

Guardo mia sorella per assicurarmi che questa frase non l'abbia offesa, ma lei subito mi rassicura:

«Non preoccuparti, ho capito. Ho capito che si trattava di un falso bisogno, che noi siamo già tutte uniche – nel colore dei peli, nella lunghezza delle zampe, nella velocità di volo – e che dunque essere uniche non è importante. Si può dedicare una vita intera a volersi distinguere dagli altri senza mai rendersi conto che è una pura perdita di tempo. Siamo rimaste contaminate dal contatto con gli uomini. A volte ci accusano di trasportare delle malattie, ma anche loro lo fanno! E la peggiore di tutte è quella che ci priva della fiducia reciproca: la malattia dell'io!».

La sicurezza di sé che emana provoca in me un vecchio istinto: sguainare il pungiglione. Devo placare la mia paura, istintiva, e riportare l'attenzione sull'entusiasmo di mia sorella. Lei rincara la dose:

«Ogni forma di vita celebra la fiducia. O se vogliamo dirlo come gli uomini: la connessione. Noi dobbiamo ristabilirla tra di noi, e per farlo non ci sono mille modi, ce n'è uno soltanto: placare la paura di scomparire».

La mia zampa è sempre sul suo arto rotto, e ora sento che il corpo di mia sorella sta riprendendo energia. Mi piace quel suo fervore, quello slancio, però mi permetto di aggiungere, nel caso fosse colta da dubbi (e poiché in un paio di occasioni l'ho vista esitare davanti a qualche fiore invitante):

«Trasferendo la loro memoria, gli uomini hanno trasferito anche la loro paura di scomparire. Questa è ormai incisa nei circuiti di tutte le regine che ci hanno accerchiate. E nei loro geni modificati. Finiranno per scontrarsi tra loro, è inevitabile. Solo che non lo sanno...».

Come mi aspettavo, un punto interrogativo fa drizzare le antenne di mia sorella. Io proseguo spedita:

«La paura di non esistere più contiene sempre i germi dello scontro. Poiché gli uomini sviluppano il sentimento di *essere qualcuno* attraverso le identità che si costruiscono, poi si accaniscono perché queste sopravvivano, andando inevitabilmente a scontrarsi con l'identico accanimento dei propri simili; questo può accadere per un'idea, una credenza o un'opinione diversa. E i conflitti possono durare anche molto tempo dopo che queste identità hanno perso la loro ragione d'essere. Le nuove regine trasporteranno i germi del conflitto ovunque andranno. In eterno, forse...».

«E allora, cosa dobbiamo fare?»

«Ci resta un'unica via d'uscita: mantenere la nostra attenzione al momento presente. Gli uomini parlano di continuo del presente, ma non ci hanno capito niente: vogliono trasportare la loro memoria nel futuro nella speranza di trovarvi il presente. Non è la memoria a trovare il presente, ma l'attenzione. Possiamo raccontarci una marea di aneddoti riguardo alla nostra imminente scomparsa e dimenticarci però la cosa essenziale: la sensibilità. Dobbiamo viverla, farla nostra in modo assolutamente consapevole.»

«E come si fa?»

«Sentendo gli stami attaccarsi al nostro corpo quando penetriamo nel fiore; assaporando la presenza del polline sui nostri peli, sulle zampe e sulle antenne; osservando quella polvere aderire ai pistilli quando passiamo sfiorandoli; contemplando quel nostro passaggio... È in quel modo che la vita si prolunga nell'aglio, nelle mandorle, negli asparagi, nel prezzemolo, nelle pere, nelle pesche e in centinaia di erbe e di frutti. La vita continua attraverso quella presenza... Basta esserci.»

Mia sorella annuisce. Accarezza ancora una volta la mia testa e, a conferma di aver recepito veramente il messaggio, aggiunge: «Ogni identità teme di scomparire, ma la facoltà di amare non avrà mai questo timore. Perché è incancellabile».

Appoggiamo le zampe posteriori sulla parete rocciosa e con uno slancio energico prendiamo il volo. Bastano pochi attimi per raggiungere lo sciame, che è lì, immobile, in mezzo al nulla, tentenna, non si decide a prendere una direzione.

Mia sorella si tiene la zampa rotta con le altre due zampe. Lo sciame si accorge di lei, e si gira a guardarla. Quel gesto è quel che resta della solidarietà, della facoltà di prendersi cura degli altri; qualcosa che non si cancella.

Ci posizioniamo una accanto all'altra davanti alle nostre ottantamila sorelle, e in quel momento, sorrette dalla fiducia, le mettiamo al corrente della nostra conversazione. Il ronzio si intensifica subito, è un ronzio d'approvazione, un clamore di ali che sgasano, urlano e dicono: «Sì! Sì! Sì!».

Mia sorella freme… Credo stia guarendo.

Mentre stiamo per iniziare la nostra ricerca di fiori non ancora appassiti, ecco sorgere all'orizzonte uno squadrone che si avvicina a noi rapidamente. Sono cinque o sei, ci raggiungono alla nostra quota. In quell'istante un'altra sorella, piccolissima, agita le ali come facciamo di solito quando attorno all'alveare c'è un pericolo. Visibilmente non sa da dove cominciare, così inizia a parlare farfugliando:

«Sì, è vero, siamo un po' fiacche, e ci dispiace. Stavamo volando appena sotto lo sciame (be', siamo giovani…) quando la nostra attenzione è stata attratta da una grande macchia nera, una forma simile a quelle che si creano a terra quando gli uomini rovesciano l'olio: un cerchio scuro che non avevamo mai visto in quel punto. Con grandissima prudenza siamo scese il più vicino possibile. Era fondamentale non farsi notare. Ma a incuriosirci è stata una scena familiare: erano delle formiche! Migliaia di formiche operaie erano attorniate da immense formiche regine. Il gruppo copriva una superficie di circa tre metri di diametro. Le sovrane avevano ali molto più larghe delle nostre. Una di loro, la più grande, volava sopra la colonia, come per ispezionarla. Le formiche operaie sembravano tutte paralizzate. Noi abbiamo drizzato le antenne e, con nostra grande sorpresa, abbiamo colto che si trattava di un'inequivocabile condanna. Le regine maledivano la loro inefficacia, la loro mancanza di talento e l'assenza di impegno. Insomma, era una scena simile a quella che avevamo vissuto noi poco prima. Le regine declamavano con smisurata fierezza che erano state scelte dagli uomini per trasportare la loro memoria, che erano state elette e che presto la terra non avrebbe più avuto bisogno di formiche, né di peonie né di alberi o di qualunque altra cosa. Avrebbero avuto bisogno unicamente di loro: delle regine geneticamente modificate e dei loro nano-organi. Una filippica in tutto e per tutto simile a quella che avevano propinato a noi. Un'autocelebrazione della memoria degli uomini».

La sorellina è sfinita. Aspetta una mia reazione. Io sono costernata, e non posso fare altro che condividere le mie deduzioni:

«Gli uomini hanno manipolato anche loro! Non sapevo che anche le formiche avessero un bisogno di attenzione e che si sarebbe potuto fare leva su questo. Sicuramente gli uomini lo hanno scoperto studiandole, proprio come hanno fatto con noi. Ed ecco che, invece di venirci in aiuto in questi tempi difficili, hanno scelto di usarci per perpetuare quello che dà loro la sensazione di esistere. Magari faranno lo stesso con le vespe e le termiti: chissà fino a dove arriverà il bisogno d'immortalare il loro io... Non si rendono conto che stanno aizzando gli uni contro gli altri tutti gli insetti dentro i quali hanno inserito i loro chip».

Sono talmente scioccata che mi fermo. Mi sembra già di vedere le guerre tra umani combattute utilizzando gli insetti. Avverto l'urgenza di agire; faccio correre lo sguardo su tutto lo sciame, e con la serenità che conduce al più nobile miele, chiamo tutte a raccolta:

«Presto, dobbiamo muoverci! Forse riusciremo a rendere le formiche nostre alleate. Mentre gli uomini tentano di perpetuare il loro ego, noi tenteremo di perpetuare la vita. Chi di voi crede in questo, mi segua!».

E mi lancio, senza aspettarmi niente. Ma appena preso il volo sento dietro di me migliaia di ali battere all'unisono.

## CHIAVE N. 2 – NEL CASO NON FOSSE CHIARO

Torniamo ora alla nostra tartaruga, che è sempre dallo psicanalista. Va detto che ci ha messo un bel po' di tempo per voltarsi e ricadere sulle quattro zampe. Diciamo che ha un guscio duro... di comprendonio! Adesso è lì, immobile, davanti al terapeuta. È in attesa di altre risposte, di una ricetta, di una soluzione immediata, di qualcosa come un infuso di erbe capace di placare tutte le sue paure. Soprattutto la sua paura di non arrivare ai cento anni! Ci pensa di continuo, e conta perfino i giorni che le rimangono per raggiungere quell'obiettivo. Ieri era il suo settantasettesimo compleanno, che lei giudica la fine della sua infanzia.

Lo psicanalista cerca di farle un po' fretta: «Sa, ora ho un altro paziente. Non se ne abbia a male, ma credo che dovrebbe iniziare a muoversi...». Una volta raggiunta finalmente la porta la tartaruga si vede nello specchio, allora si gira verso il terapeuta e dice: «Certo che ce ne ho messo di tempo per capire, vero?».

Lo psicanalista inizia un po' a spazientirsi: «È per via del suo cervello rettile. Ne parleremo la prossima volta».

La tartaruga insiste: «Ma io sono sempre stata lenta».

Lui la spinge delicatamente: «La manderò da uno specialista dei cervelli rettili. È un terapeuta che segue serpenti, iguane, lucertole, e naturalmente anche tartarughe. La avverto però: lui alleva pappagalli. È un uomo di gran cuore, e prende con sé i volatili che gli umani non vogliono più tenere. Mette anche degli annunci: "Se volete disfarvi dei vostri pappagalli, e soprattutto se non ne potete più di sentirli parlare, invece di ucciderli telefonate allo 06 06 06...". Lui adora ascoltarli ripetere le stesse cose per tutto il giorno. Dice che si vengono a sapere molte cose sulle persone che li hanno abbandonati. Sta prendendo appunti per dei futuri trattati scientifici».

La tartaruga alla fine lascia lo studio e la porta dello psicanalista si chiude alle sue spalle. Nella sala d'attesa una giraffa la guarda: «Sono qui per il mio collo. A me non piace il mio collo!». La tartaruga è stupita di questa confidenza. La giraffa, che ha visibilmente un gran bisogno di parlare con qualcuno, prosegue senza indugio: «Sono andata da un chirurgo estetico. Gli ho detto che volevo farmi accorciare il collo, abbassarlo a misura umana. Mi ha detto che non gli era mai capitato, che di solito i suoi clienti volevano sollevare i tessuti del viso più che abbassarli... Poi mi ha detto che era molto rischioso, soprattutto per mangiare. Avrei dovuto accontentarmi delle foglie basse dell'acacia, e magari mi sarei ritrovata a invidiare le giraffe che hanno accesso alle foglie più alte. La cosa sarebbe stata complicata anche per quel che riguarda la digestione, che si troverebbe a essere molto accelerata. Probabilmente non sarei più riuscita a rigurgitare, il che avrebbe costituito un serio problema, dal momento che il rigurgito del cibo è parte integrante del mio processo digestivo. Ma poi c'era anche un rischio per il cuore, che con molta probabilità

si sarebbe indebolito dovendo pompare meno forte.
E ci sarebbero stati problemi anche per il respiro, che
sarebbe diventato più corto; un'iperventilazione costante,
che mi creerebbe uno stato di stordimento permanente.
Gli ho detto che quest'ultima eventualità non mi avrebbe
dato problemi visto che soffro di vertigini dalla nascita. A
quel punto lui mi ha chiesto perché desideravo avere un
collo come quello degli uomini, e io gli ho risposto: "Per
farmi notare!"».

Vedendo lo stupore della tartaruga, la giraffa aggiunge:
«Eh sì, invece di sentir dire: "Hai visto la giraffa?", sentirei:
"Hai visto la giraffa, con quel collo corto, com'è speciale?".
Oltretutto riuscirei a guardarmi più facilmente; non
avrei più bisogno di divaricare le gambe o di piegare le
ginocchia per specchiarmi nel fiume. Sa, è una posizione
scomoda e che ci rende molto vulnerabili. I coccodrilli
potrebbero approfittarne».

La tartaruga, empatica, ribatte: «Accidenti, dunque lei
non riesce mai a guardarsi?».

«No, proprio perché è molto pericoloso per noi
soffermarci a contemplare la nostra immagine
nell'acqua.»

«Capisco... Potrebbe scomparirci dentro.»

«Esatto. Ma con un collo come quello degli umani non
avrei più quel problema. Inoltre imparerei magari anche
a sbadigliare. Sì, perché noi giraffe, anche se dormiamo
meno di due ore al giorno e dormiamo stando in piedi,
non sappiamo sbadigliare.»

La tartaruga, incuriosita: «Dormite in piedi?».

«Sì, per via dei leoni. Se dormissimo distese non faremmo mai in tempo ad alzarci per difenderci.»

«Interessante...»

«Sì, insomma... Ma con un collo come quello degli umani, magari potrei imparare a sbadigliare. Diventerei allora l'unica giraffa al mondo a saperlo fare. Tutte le mie simili diventerebbero verdi di invidia... Come mi piacerebbe vedere questa scena: io in mezzo alla pianura, circondata da tantissime giraffe verdi... Finalmente mi sentirei unica. Che felicità!»

La tartaruga, dubbiosa, le chiede: «Lo crede per davvero?»

La giraffa non sembra nemmeno aver sentito, forse ha le orecchie troppo in alto, e prosegue:

«Il chirurgo però alla fine mi ha detto: "Secondo me non ne vale la pena", dopodiché è scoppiato a ridere, e si teneva davvero la pancia dalle risate. Pensava di essere divertente, e continuava a ripetere: "Non ne vale la pena! Non ne vale la pena!". Io credevo che ridesse di me, e la cosa mi ha profondamente ferita. Così mi ha consigliato di andare in terapia prima dell'intervento chirurgico. Ma mentre stavo uscendo dal suo studio, ha aggiunto: "Ce la farà a reggere fino a quel momento? Se nel frattempo dovesse capitarle qualcosa tra capo e collo? Ha sentito cosa ho detto? Tra capo e collo...". E giù di nuovo a ridere come un matto. Pensava di essere molto divertente».

Improvvisamente la tartaruga prova una profonda sensazione di benessere, alza la testa e dice: «Grazie! Sa, credo che il chirurgo volesse mandarle un messaggio. Io sono venuta dallo psicanalista perché sono lenta a capire le cose, per via del mio cervello rettile. Ma lei mi ha appena dato un grande aiuto. E se lo psicanalista le chiede di stendersi sulla schiena, provi a farlo. Probabile che abbia dei legnetti o dei sassi per lei. Io adesso vado dritta dall'allevatore di pappagalli».

## CHIAVI PER I CERVELLI SINISTRI

È difficile immaginare una giraffa con un collo lungo come quello degli uomini. Capita però di frequente che noi umani assomigliamo a ciò che questa caricatura rappresenta; siamo infatti spesso prigionieri di finti bisogni, che sono poi i bisogni dell'ego. Abbiamo bisogno di essere amati e, a tal fine, di mantenere un'immagine che permetterà di attirare l'attenzione, un'immagine che ci distinguerà o che ci farà finalmente notare.

Sin dalla più tenera infanzia associamo il fatto di ricevere attenzioni alla nostra sopravvivenza. Allo stesso modo abbiamo associato prestissimo ciò che ci distingueva (cioè che ci rendeva eccezionali, unici) all'attenzione che questo ci procurava. Inconsciamente, cercavamo delle chiavi che facessero sentire la nostra voce: «Ehi, per favore, occupatevi di me!». Dopodiché, ci si è messo di mezzo il *processo di identificazione* e noi abbiamo costruito le nostre molteplici identità attorno a quello che, ai nostri occhi, poteva fare di noi degli esseri "amabili", nel senso di "degni di interesse".

Quel benedetto processo rimane attivo per tutta la vita. Basta una frazione di secondo per farci adottare un'identità capace di risolvere una vecchia equazione: *essere eccezionale = sono amato/sono degno di interesse = sopravvivo* (poiché qualcuno si occupa di me). Compriamo determinate auto non per farci trasportare dal punto A al punto B, ma per ricevere attenzione. L'ego trova in questo l'illusione della sua immortalità!

Lo stesso vale per quello che facciamo: ci identifichiamo con il nostro mestiere, la nostra professione, quello che produciamo. Detto in altre parole: diventiamo quello che esce da noi. Qualunque giudizio o rifiuto di quello che noi concepiamo o creiamo viene percepito come una minaccia alla nostra sopravvivenza; deriva da ciò la reazione molto primitiva di attacco o fuga che mettiamo in atto davanti alla minima critica. E da ciò deriva anche il piacere di criticare.

Il processo di identificazione si fa carico anche delle opinioni, delle credenze e delle idee. Ecco dunque apparire di continuo nuove equazioni: *quello che penso = quello che sono* (ti ricorda qualcosa?), oppure *quello che credo = quello che sono*.

Il processo di identificazione arriva persino a costruire delle identità collettive – nazioni, religioni – difese sempre al pari di un essere vivente. E dunque, *voilà*, un giorno si sgancia una bella bomba, un altro si fa un bell'attentato!

Ma un'opinione, per quanto appassionante, non è ciò che siamo. Nel corso della nostra esistenza ne cambiamo parecchie – per fortuna – e non scompariamo ogni volta! La favola *L'alveare* ha, come tutte quelle che seguiranno, lo scopo di evidenziare questa "truffa psichica", questo errore di percorso nell'evoluzione: abbiamo adottato come identità il contenuto della nostra memoria! Da allora, reagiamo (ormai è diventato un riflesso) difendendo quel contenuto come se ci fosse in gioco la nostra sopravvivenza.

«Viviamo dunque tra paura e ostilità, le due emozioni più primitive che ci si possa immaginare. La paura per fuggire e l'ostilità per difendersi. Così tralasciamo di vivere.»

Una delle conseguenze più gravi di questo guazzabuglio identitario risiede nella voglia di distruggere tutto ciò che ci impedisce di sentirci unici o di considerarci eccezionali. Ci accade regolarmente di venire improvvisamente travolti dal disprezzo nei confronti di qualcosa o qualcuno che riceve più attenzioni di noi. E diciamo pure che è normale, che *c'est la vie*!

Nel racconto *L'alveare* troviamo le seguenti parole (ma che brave sono queste api!): «Quando dedichiamo la nostra attenzione a confrontare ciò che siamo stati con ciò che avremmo potuto essere, perdiamo il contatto con quelle che sono le nostre facoltà più preziose: meravigliarsi, costruire, creare, nutrire, imparare, trasmettere e molto altro... Queste capacità sono qui, dentro di noi, ma non servono perché non ne siamo più consapevoli. Invece di essere connessi al reale, vaghiamo in qualcosa che non esiste più, cioè il passato. La vita chiede solo di potersi esprimere».

Dunque, che fare?

Innanzitutto occorre tentare di comprendere questo groviglio e i suoi aspetti deleteri. Dopodiché bisogna fare propria la celebre frase di Socrate: «Conosci te stesso» e trasformarla in un mantra. Nella nostra epoca, Socrate forse avrebbe aggiunto: «E non si tratta di

vagare ammirato nei vari strati del tuo ego, o di ascoltare
estasiato tutte le storie che racconti riguardo a ciò che
ti rende un essere straordinario, ma di entrare nella tua
capacità di essere presente. Si tratta di riconoscere, dietro
alle tue paure o alla tua ostilità, il bisogno che il tuo ego
ha di proteggersi e di rendersi immortale».

Quanto al da farsi, occorre anche dire continuamente
a se stessi: *Benvenuto tra gli umani!* E non smettere
davvero di ripeterselo! Così riusciremo ad ascoltare
con attenzione il linguaggio della vita invece di quello
dei contenuti che abbiamo asseragliato nelle nostre
memorie e a cui associamo continuamente il nostro
piccolo "io".

Ma quello che va fa fatto, soprattutto, è ripetersi:
*Benvenuto nella presenza!*; la presenza alla vita sotto
ogni sua forma. Al ronzio dell'ape, al passo della formica,
al sapore del miele, alla linfa, al sudore o alla rugiada; al
vento della tempesta o al gemito dell'amante. Benvenuto
in questo istante, in cui tutto è a disposizione: il profumo
della pioggia e quello del sole, l'urlo eccitato del bambino
e il respiro incerto dell'anziano, le molteplici tinte del
bocciolo e gli innumerevoli colori del fiore in piena
seduzione.

*Benvenuto tra gli umani!*
*Benvenuto nel bisogno di essere ascoltato*, perché questo
permette di fermarsi per sentire le grida che provengono
dal passato, quelle urla che ancora risuonano sulle pareti
delle nostre pance, dall'interno; permette di chiedersi
se quello che proviamo è un *bisogno reale*, o se si tratta

piuttosto della *paura di non essere niente* se le nostre parole non catturano l'attenzione dell'altro; soprattutto quell'*altro* di cui cerchiamo a ogni costo l'orecchio – il padre, la madre o qualunque *altro* giudice degno di dare un certo valore alla nostra parola.

> «*Benvenuto anche nella paura di non essere niente*, perché questa racchiude l'opportunità di imparare che il nostro valore non risiede nel fatto di essere ascoltati, ma nel silenzio; un luogo dove si può sentire tutto: il canto del tordo, i suoni di Bach e anche quelli del silenzio...»

*Benvenuto dunque nella parola attenta*: quella che soppesiamo prima di pronunciare, *chiedendoci se era davvero così necessario farla sentire*.

# LA TROTA E IL SENZATETTO

«*La possibilità di dare un senso profondo alla vita
permette di sopportare molte cose, forse tutte...
La mancanza di un senso profondo impedisce
di dare pienezza alla propria esistenza, ed è quasi
come una malattia... Siamo realmente liberi solo
se riusciamo a servirci della nostra libertà per creare
qualcosa di significativo. Per questa ragione scoprire
il senso profondo della vita è più importante
di ogni altra cosa.*»

CARL JUNG

Barcollava. Il gelo della notte incalzava i suoi passi diso-
rientati e lo avvolgeva. I poliziotti lo avevano rimesso in
libertà dopo avergli fatto ricucire le ferite sul viso e sulle
mani e ora, con il freddo e la pioggia, le croste di sangue
rappreso intorno ai punti di sutura diventavano ancora più
rosse. Era pelle e ossa, il vigore dei suoi diciassette anni
non lo sosteneva più, stordito com'era dall'alcol scadente,

e si sentiva svenire. Ogni volta che cadeva mollemente sul selciato fangoso faceva una smorfia stizzita, e la mascherava con una risatina maldestra.

Non riconosceva il quartiere in cui si trovava, gli sembrava tutto di una ricchezza e di un lusso esagerati. Con gli occhi velati di lacrime per il freddo, cercava invano un punto di riferimento in quello scenario opulento che intravedeva ondeggiare attraverso le grandi finestre abbaglianti e i camini illuminati. La sua carcassa fradicia soccombeva alle vertigini e la memoria intorpidita non riusciva a ritrovare una sola ombra familiare nelle migliaia di forme che si muovevano beffarde sotto di lui: galleggiava in mezzo a una giostra di riflessi sconosciuti e figure estranee. Ormai preso atto della disfatta il ragazzo, avvilito, fece rotolare la sua amata bottiglia nell'incavo delle mani tremanti, fissò quel liquido incolore e ne tracannò un lungo sorso: voleva a tutti i costi ritrovarsi nel confortante disordine che aveva creato dentro di sé. Quando beveva di solito riusciva ad avvicinare la sua giovane coscienza alla confusione a lui tanto cara, ma stavolta quell'alcol dozzinale non riusciva a disperdere una volta per tutte gli ultimi barlumi di lucidità rimasti nella sua testa di giovane barbone; aveva una fame ostinata, da oltre tre giorni il suo stomaco si riempiva di crampi e gorgogliava ferocemente reclamando attenzione.

Il giovane vagabondo adocchiò un bidone della spazzatura che sembrava fargli l'occhiolino. Era un fine conoscitore in materia di spazzatura, ne aveva accuratamente rovistata a tonnellate nel corso degli ultimi sette anni: «Sto cercando la mia anima» diceva spavaldo ai passanti che si mostravano disgustati o sprezzanti. Si avvicinò con una certa difficoltà a un bidone che troneggiava sul marciapiede. Non aveva mai visto un semplice bidone della spazzatura emanare un tale luccichio: tra un barcollamento e l'altro, rimase folgorato dalla luce argentata della superficie metallica, poi accarezzò il bordo dell'apertura come fanno le seduttrici quando sfiorano una coppa di champagne prima di portarla alle labbra, per infine lanciarsi a testa bassa nelle viscere del bidone. Lì l'oscurità era soffocante e gli dava il voltastomaco. Dall'interno riecheggiarono delle parole che sembravano provenire dal fondo di un'ampia vallata: «La tua sporcizia non è degna del nostro ventre, giovanotto; non vogliamo rifiuti come te nei nostri corpi raffinati, vai a nutrirti altrove!».

In seguito a quella brutale aggressione il ragazzo trangugiò qualche sorsata di alcol nella speranza di spegnere la fiamma che gli lambiva i sensi, ma non fece che riattizzarla: quel che restava della sua lucidità aveva appena subìto un fiero colpo che lo fece crollare una volta per tutte. Un bidone della spazzatura lo aveva appena respinto e lui sentiva dentro di sé un'immensa stanchezza, come se qualcosa di importante avesse ceduto nello strato più profondo del proprio disordine: «Non ho più niente» mormorò con un filo di voce. Pensava di aver fatto amicizia con tutti i bidoni della spazzatura che costellavano i marciapiedi della città. Aveva combattuto per affondarvi il corpo e le mani senza farsi frenare o condannare dall'orgoglio, e questa lotta aveva richiesto energie sovrumane. Quella sera, però, gli mancavano le forze: era stato respinto da uno di essi. Un ennesimo sorso lo fece collassare sotto una pioggia che si infilava fin dentro i tessuti lisi che lo coprivano. «Non ho più niente» si disse piangendo.

Rialzando a fatica le ossa impastate si mise alla ricerca di spazi più familiari, procedendo con un'andatura ondivaga che gli consentiva a malapena di mantenere un equilibrio da funambolo rintronato, ma il quartiere diventava nel frattempo sempre più snob e minaccioso. Perfino i lampioni parevano temere di essere toccati da lui e si sottraevano alle sue mani maldestre; gli puntavano addosso una luce che proiettava ai suoi piedi ombre offensive per la sua giovinezza. Il ragazzo, in lacrime, rimproverava a quelle luci di giudicarlo senza conoscerlo davvero, ma era una battaglia persa: tutti i lampioni si voltavano dall'altra parte dipingendo sulla strada una sinfonia di insulti, e i palazzi si univano alle danze appoggiandosi l'uno contro l'altro e chiudendo tutti i vicoli in cui lui cercava di infilarsi. «Non sei di qui» poteva leggere sui neon che adornavano le loro facciate, «porta a spasso quelle quattro ossa altrove.» Il ragazzo provava a correre ma i suoi passi incerti non lo conducevano da nessuna parte: stava cercando di fuggire da fermo. Poi la strada si animò di onde enormi e una marea di asfalto si diresse su di lui: «Non ho più niente» urlò.

Si sentì sollevato in aria come fosse polvere sbattuta via con violenza da un tappeto. Volò per qualche istante sui palazzi che applaudivano la sua cacciata. Cadendo, sentì la bottiglia frantumarsi e il liquido residuo diffondersi nei pantaloni, e crollarono definitivamente insieme al suo corpo anche gli ultimi barlumi di lucidità.

Quando aprì gli occhi vide nuotare una magnifica trota arcobaleno a pochi centimetri dal suo naso. Se ne stava lì immobile a guardarlo, battendo serenamente pinne, branchie e mandibole. Il suo bel corpo diffondeva un'immensa calma nel piccolo corso d'acqua che scorreva lungo il canaletto di scolo. Il ragazzo aveva l'impressione che gli stesse sorridendo, allora provò a muoversi ma era troppo fiacco: era disteso a pancia in giù sul bordo del marciapiede, con la faccia immersa nelle acque di raccolta del canaletto. La trota lo stava fissando con sguardo ipnotico, e dalla sua grande bocca di pesce uscì un'enorme bolla che salì sulla superficie dell'acqua. Senza scoppiare, questa lasciò poi la debole corrente per salire all'altezza degli occhi del ragazzo. Lì si fermò, si gonfiò e poi esplose lasciando scintillare nell'aria gelida lettere fatte di squame multicolori che si muovevano come aurore boreali. «Eccoti finalmente vicino a me!» lesse a fatica il giovane vagabondo, poiché le gocce di pioggia gli stavano congelando il viso. La trota fece ondeggiare la pinna caudale per esprimere la gioia di essere stata letta e, sotto lo sguardo allibito del ragazzo, altre bolle uscirono dalla sua bocca. Ogni bolla esplodeva in frasi multicolore, composte da parole colorate nelle stesse sfumature delle sue scaglie laterali. «Aspetto questo momento da tanto tempo, sono così felice di trovarti a una altezza accessibile.»

Il giovane pensava di non essere mai stato tanto ubriaco, quand'ecco che una bolla bluastra si mise a brillare: «Non stai delirando»; e aggiunse in un ultimo frammento luminoso: «Sei perfettamente lucido».

«La trota legge nei miei pensieri» disse il vagabondo, confuso e preoccupato…

«Non aver paura» scoppiò una grande bolla rassicurante. «Non leggo nei tuoi pensieri» proseguì comunicando attraverso molteplici cerchi rosa che si espansero in raggi calorosi.

«Allora come fai a sapere cosa mi passa per la mente?» mormorò sconcertato il ragazzo.

«È semplice! Guardo i movimenti delle tue labbra. So che gli esseri umani lo fanno per capire gli esemplari sordomuti della loro specie. Noi pesci abbiamo perfezionato da tempo questa semplice modalità di comunicazione. E non mi limito a questo: visto che ci tengo a saperne di più, osservo attentamente i battiti delle palpebre, lo spostamento degli occhi e i movimenti della mascella. Quando voglio sentire quello che provi, presto particolare attenzione agli incavi delle tue guance, alle rughette sulla fronte e alle fossette che si allungano sul pallore della tua pelle.»

In quel momento sulla testa del ragazzino sembrava aleggiare uno sciame di bolle che a loro volta diffondevano allegramente delle lettere screziate.

«Come ti chiami?» riuscì a veder scorrere in lettere ambrate sulla curva di una piccola corrente d'aria.

«Mi chiamano Senzatetto» rispose timidamente.

«Piacere Senzatetto!» vide apparire in scie brillanti dietro una minuscola bolla dorata. In quel momento ebbe l'impressione di avere il corpo rilassato e la testa più leggera: non stava sognando! E poiché la trota sfoggiava un gran sorriso da branchia a branchia, anche lui abbozzò un sorrisetto, mentre i suoi occhi non smettevano di ingrandirsi nel bagliore delle parole che lasciavano un segno nel buio della notte.

«Vorrei tanto che tu mi parlassi un po' di te» lasciarono cadere delle piccolissime bollicine fosforescenti, «ti osservo da tanto di quel tempo... Mi piacerebbe diventare tua amica».

«Da tanto di quel tempo?» si fece sfuggire il ragazzo con tono turbato.

«Sì, da tanto, tanto, tempo» lesse stupefatto nelle lettere decorate in stile gotico. «So molte cose di te, poiché ho letto con attenzione i movimenti delle labbra di tutti quelli che ti hanno incontrato. Così, visto che agli esseri umani piace tanto parlare gli uni degli altri, sono venuta a sapere che hai imparato a leggere e scrivere stando a contatto con uomini e donne più vecchi di te, che hanno scelto di vivere tra asfalto e cemento. So che la vecchia Mariangela ti ha lasciato in eredità l'arte, la scienza della spazzatura, degli stracci e della vita, prima che una brutta polmonite la portasse con sé nella polvere che tanto venerava. So anche che rubacchi qui e là dei libri pieni di immagini e di lettere dorate e li tieni ammucchiati in vecchie bare a cui nessuno fa più visita, nel cimitero della Pace. So tutte queste cose e molte altre, ma non è niente in confronto a ciò che tu stesso puoi dirmi di te... Parlami!»

Senzatetto provava all'improvviso una grande leggerezza, come se le bolle della trota gli fossero entrate in testa, nel petto e nella gola. Sentiva risalire in lui parole che non sapeva nemmeno di conoscere ed era stupito di riuscire ad articolarle: «Dall'età di dieci anni esploro l'ubriachezza come altri esplorano oscure caverne o fondali marini, e con me ho una bottiglia che mi serve sia da bussola sia da mappa.

Mi è stata data la strada e ne ho fatto il mio continente o, più umilmente, il mio piccolo giardino. Solo quando mi perdo trovo il mio posto nel mondo».

«Mi confermi quello che sta nuotando nella mia testa di pesce», lasciò brillare una sfera gialla e verde che si infranse in una danza ammaliatrice.

Il ragazzo non aveva fatto caso all'esplosione seducente di quest'ultima bolla, intento com'era a continuare il suo discorso e incapace di fermarsi, come trascinato da un fiume una piena. Per la prima volta nella sua vita aveva la strana impressione che qualcuno lo stava ascoltando (anche se non si trattava di un ascolto vero e proprio ma di una semplice lettura delle labbra…).

«Comunque nulla di tutto questo mi basta, perché cerco la mia anima e non la trovo da nessuna parte».

Si fermò qualche istante per lasciare che le sue tiepide lacrime si mescolassero alla pioggia cadendo dolcemente sul corpo del pesce, che guizzò di gratitudine.

«Quando sono diventato proprietario dell'impero dei vicoli, ad accogliermi ho trovato solo il calore della spazzatura. Ben presto ho imparato a nutrirmi delle delizie che questa mi offriva e dei regali che custodiva gelosamente: la spazzatura è stata per me una compagna e una balia. Ogni mattina mi ripetevo, infilando il muso nell'una o nell'altra, che lì dentro avrei di sicuro trovato il senso della mia vita, uno qualsiasi: c'era così tanto passato, così tanta esperienza, tanti di quei resti concentrati in contenitori così piccoli. Pensavo fosse impossibile non tirarne fuori una grande verità. Eppure ho appena scoperto che alcuni bidoni sono razzisti, infatti mi hanno detto che rifiutavano i rifiuti come me. Il quartiere intero mi ha respinto: lampioni, palazzi e perfino le strade, tutti mi hanno cacciato via. Ora sono distrutto, ho perso il piacere di avere un'anima, la mia anima...»

«Bidoni della spazzatura razzisti» lasciò scivolare attraverso una fessura impercettibile una bolla dai riflessi innocenti seguita da tre puntini viola, che rimasero sospesi a lungo. Altre sfere si alzarono in volo, tutte piene di messaggi colorati.

«Ho nuotato spesso nel quartiere da cui vieni; lì tutto è stanchezza, esaurimento, rabbia e depressione. Ci sono volute molte onde per capire, ma ora so come interpretare l'aridità e la desolazione. Ti dirò il segreto della mia preziosa scoperta, però prima permettimi di spiegarti come mai mi trovo in questo rivolo d'acqua» disse il pesce muovendosi tra il marciapiede e la strada.

Il giovane clochard annuì senza indugio.

Allora la trota si mise a soffiare dei lunghi getti di bolle, e a ogni movimento della mandibola ne fuoriuscivano a centinaia, a migliaia. Alcune andavano a finire proprio sotto le narici del ragazzo, e gli scoppiavano delicatamente sotto il naso procurandogli un delizioso solletico che lo faceva sorridere, mentre altre gli accarezzavano le guance scivolandogli sul mento fino all'attaccatura dei capelli. Qualcuna si fermava sulle palpebre sorprese, girava su se stessa e spariva ripulendogli gli angoli degli occhi dalla polvere. Quando esplodevano, davano vita a un balletto di colori autunnali in cui danzavano frasi luminose: «Sto andando alla grande festa delle creature acquatiche che da milioni di anni riunisce in gran segreto un'infinità di pesci, crostacei e mammiferi marini. Per l'occasione squali, salmoni e rombi si ritrovano tra delfini, beluga e balene blu; ci sono anche storioni, sardine e pesci persico insieme a gamberi, aragoste e granchi. Ci incontriamo una volta ogni venti grandi maree nei mari del nord, sotto le banchise polari, nel silenzio più profondo. Lì, trascorriamo l'inverno tutti insieme, protetti dallo spessore dei ghiacci e dalla violenza delle tempeste.

«In passato lo scopo del nostro viaggio era solo la celebrazione del mondo marino, ballavamo l'inno delle pinne fino a primavera e le acque erano piene di certezze e fiducia, senza reti, ami, esche, tutto era soltanto verità, franchezza e autenticità. Tra pesci potevamo permetterci una tale sincerità poiché sapevamo che fratelli, sorelle e amici non avevano alcun interesse a farci ingoiare sciocchezze, bugie, fandonie o inganni: nuotavamo nella trasparenza».

Un energico crampo allo stomaco fece capire al ragazzo che avrebbe tanto voluto partecipare a quella festa. La trota, che aveva percepito la sua difficoltà, cercò subito di riportare l'attenzione sulle grandi lettere perlate che intensificavano l'illuminazione notturna: «Aspettavamo questo evento con gioia e serenità, ma un giorno sono cominciati gli incubi. Oggi, quando ci incontriamo, non ci riconosciamo più tanto il nostro aspetto è mutato, deformato, sfatto, distrutto: sembriamo dei mutilati! Molti pesci nel fiore degli anni hanno pinne sfrangiate, squame perforate e occhi sbiancati; tra i più giovani invece c'è chi ha tre teste o mezza branchia. Alcuni devono cavarsela senza pinna caudale e riescono a nuotare solo con il supporto di un'alga inserita nella carne. L'ultima volta che ci siamo visti e ho parlato con le grandi balene mi sono venuti i brividi per tutta la lisca: mi hanno raccontato di aver notato che le loro mammelle si stavano ostruendo poco a poco e producevano latte color nerastro. Poi, in lacrime, mi hanno anche indicato i loro piccoli stremati nel tentativo di poppare. Da quel momento ogni notte sento lunghe grida strazianti attraversare le acque del mondo.

«Ogni volta che ci incontravamo, c'era anche un magnifico storione che amava ripetere di poter vivere fino a settanta, ottant'anni come suo padre e i suoi zii. Col passare del tempo quel discorso così ottimista si è fatto sempre più cupo, fino all'ultima riunione in cui mi ha confessato di sentirsi debole e di avere un male alle viscere che nessuno dei suoi antenati aveva provato. Bisbigliava con un amaro battito di pinne che ormai gli restavano solo pochi anni da vivere».

Senzatetto fece per accarezzare la trota quando un violento schizzo di bolle rosse lo fermò, tracciando una calligrafia sottile e nervosa: «Non devi toccarmi, sono diventata talmente fragile che il tocco più delicato potrebbe trafiggermi la carne da parte a parte. Per ora, dunque, devo continuare la storia senza le tue carezze, ma sappi che la tenerezza e l'empatia che mostri nei miei confronti hanno già trovato un posto privilegiato nel profondo del mio essere…». Con un cenno della testa, il ragazzo fece intendere al pesce di aver capito. La trota aprì e chiuse le mandibole più volte finché l'acqua del canaletto di scolo fu agitata da pallide sfere che zampillavano in gran quantità: «Oggi le nostre riunioni non sono più una festa danzante ma una macabra assemblea, fonte di angoscia e frustrazione, in cui cerchiamo di capire cosa ci sta facendo cambiare o ci sta uccidendo. Siamo sempre in meno a partecipare. Sappiamo che le strade da percorrere sono trappole mortali, visto che le acque si allungano come gomma e si incollano alle branchie. Le attraversiamo a costo di immani sacrifici e molti di noi non ci riescono più: alcuni si mettono sul dorso e si lasciano trasportare come monumenti funebri, altri si arenano sulla sabbia oleosa delle rive o sugli argini fangosi. Questo è il motivo per cui ultimamente siamo costretti a esplorare nuove vie, attraversiamo città e villaggi prendendo rivoli d'acqua e canali di scolo. Aspettiamo la pioggia o la notte, non ci inoltriamo mai nei centri abitati al chiaro di luna o sotto cieli stellati, preferiamo la nebbia o la tempesta. Per quanto sia dolorosa e corrosiva, l'acqua piovana contiene più ossigeno della colla dei fiumi o della melma delle paludi. All'alba raggiungiamo infine quei corsi d'acqua e quei torrenti che, nel flusso giornaliero, ci conducono a loro volta in altri luoghi fumanti disegnati dalle mani di uomini e donne. Così, mi ritrovo a vagare tra metropoli e capitali da quando polveri e colle maleodoranti inondano il greto dei nostri fiumi e irrompono sulle nostre sponde. Ecco perché mi vedi qui, a sguazzare in questo misero ruscelletto».

Nel frattempo Senzatetto ricostruiva, tassello dopo tassello, le basi della sua lucidità. La pioggia ghiacciata gli stava lavando via le tumefazioni dal viso e le tracce di nausea che ancora impregnavano il suo sguardo. Vide allora che dagli occhi della trota scendevano lacrime ambrate, e sentì anche i suoi occhi riempirsi fino all'orlo.

Il pesce fece risalire in superficie una sfilza di perle rosa che dicevano, una alla volta: «Il mio viaggio nei rigagnoli d'acqua mi ha permesso di scoprire te. La tua solitudine è scesa fin sul fondo del canaletto dove, nella notte più buia, è nato il desiderio di conoscerti».

Senzatetto scopriva una sensazione mai provata prima; una strana forma di umidità interna che gli rivestiva la pancia, le spalle e la parte bassa della schiena: lui traspirava il calore della tenerezza. La trota emise una bolla prodigiosa che, senza esplodere, rimase a lungo attaccata alla bocca del pesce; in questo modo il ragazzo riuscì a vedere svolazzare lettere luminose che vibravano sotto la pioggia. Per un attimo quell'immagine gli fece tornare in mente una zingara molto altruista, che prevedeva nella sua sfera di cristallo un eccitante futuro a tutti quei passanti che invece preferivano una piatta quotidianità. La trota continuò a soffiare e le lettere, riunendosi, illuminavano l'interno della bolla che di colpo rischiarò una metà della strada. Senzatetto decifrò: «A breve ci sarà un nuovo raduno e tremo all'idea delle atrocità che sfileranno sotto i miei occhi, sarà come un festival dell'orrore, la fiera delle miserie, come quelle sfilate di moda che si vedono attraverso le finestre degli hotel di lusso di questa città. Temo un ambiente torbido, un'aria pesante, vedo già aleggiare ignominie, maldicenze, calunnie e follie della peggior specie. L'avvento di queste mostruosità ha cambiato anche il nostro comportamento, le malattie che colpiscono i nostri corpi si riflettono anche interiormente, come se il nostro essere riproducesse l'ambiente viscido che ci circonda. I nostri cuori sono come poltiglie putrefatte che fanno invischiare e fossilizzare le branchie mentre le nostre anime sprigionano malformazioni. Non abbiamo più spazio per gli altri: abbiamo iniziato a mentirci, ingannarci e sfruttarci, coltiviamo l'indifferenza e adoriamo la falsità. Non ci concediamo più il tempo di saltare nelle cascate o di nuotare nei rari laghi che emanano ancora serenità. Lottiamo per sopravvivere facendoci la guerra. Non si erano mai visti salmoni vantarsi di avere la tana più bella del fiume, né le aragoste si erano mai rifiutate di stringersi le chele con i gamberi. I pesci non avevano mai litigato come se fossero marci. Noi ora stiamo adottando lo stesso comportamento del quartiere che ti ha appena rifiutato, siamo stanchi, esauriti e viviamo il dramma della spazzatura razzista».

Senzatetto non aveva avuto l'opportunità di incontrare nessun essere umano che abitasse in quel quartiere tanto sprezzante e moriva di curiosità. La trota, che l'aveva intuito, emetteva sbuffi di consonanti e vocali pessimiste che alimentavano la bolla illuminata. Il ragazzo riuscì a leggere: «Per intere notti ho osservato le espressioni e i comportamenti degli abitanti di questa città, il disappunto che hanno stampato sul viso, sulle spalle e sulla schiena mi conferma che stiamo portando lo stesso peso. Ho potuto condividere questa osservazione con creature provenienti da ogni dove, creature che hanno conosciuto gli umani da vicino, animali che facevano ritorno da molto lontano. In migliaia mi hanno raccontato con un solo movimento di labbra la tragedia che li aveva colpiti, sconvolti, sconfitti. I "sopravvissuti delle fogne", come li ho soprannominati, non sempre sanno dare una spiegazione al cattivo comportamento dei bambini furiosi che li hanno massacrati, forse per attirare l'attenzione dei loro genitori assenti. I piccoli umani, a quanto pare di comune accordo, hanno deciso di svuotare il contenuto di tutti gli acquari e delle bocce per pesci del quartiere. È stato un massacro: pesci rossi, tropicali e carpe venivano gettati vivi in lavandini angusti, vasche da bagno o gabinetti. Per fortuna, grazie all'impeto degli scarichi, la maggior parte di loro è riuscita a raggiungerci nelle acque di scolo. Molti invece ci hanno lasciato le squame, ma questi martiri non sono morti invano. Abbiamo istituito una giornata commemorativa in cui tutti i pesci del pianeta condividono pensieri nobili per tutti gli esemplari della nostra specie che si fanno manipolare, raggirare, imbrogliare. Questa ricorrenza, durante la quale tutti noi rimaniamo immobili per ore, è stata chiamata: il "Massacro del 1° aprile"».

Senzatetto trovò curioso che fosse lo stesso giorno scelto dagli uomini per farsi brutti scherzi e ridicolizzarsi a vicenda.

La trota proseguì il suo chiarimento: «Prima di questi eventi dolorosi, i pesci di acquario avevano avuto modo di osservare bene gli uomini e le donne che li nutrivano, e hanno confermato le mie impressioni: noi portiamo le loro stesse ferite. Gli umani non hanno più tempo né per stare da soli né per stare insieme e non si parlano più. La stanchezza si alza con loro al mattino e va a letto con loro la sera, non riescono nemmeno più a darsi una mano e, senza rendersene conto, perdono il senso della vita o lo trasformano in quelle maschere di gomma che li proteggono dai miasmi che hanno creato con le loro mani. Ormai gli esseri umani prendono il colore e la forma dei loro rifiuti, e si domandano pure quale sia la causa del loro esaurimento. Si isolano perché sono a pezzi, e sono a pezzi perché si isolano. Non hanno più il piacere di avere un'anima, esattamente come te».

Un lampo di luce abbagliò per un attimo Senzatetto. La bolla, grande come una zucca, era appena esplosa in uno zampillare di scintille.

Ripresosi da quel flash, il giovane esclamò: «Capisco, ci stiamo subdolamente trasformando in quello che abbiamo creato. Disdegnando la vita, disdegniamo le nostre vite! La natura si vendica per sfinimento, è provata, stanca di condurre battaglie inutili contro la stupidità, e poiché noi e la natura siamo una cosa sola la sua stanchezza diventa inevitabilmente la nostra. I nostri cuori sversano nei nostri organismi acque di scarico, flussi di sangue logoro mescolato ai rifiuti fatti di noia e indifferenza. Come i laghi che abbiamo trasformato in acquitrini, la nostra sensibilità ristagna nell'inerzia e nello sconforto. Privandoci delle sue viscere, la natura ci priva dei nostri visceri; privandoci della sua anima, ci priva irrimediabilmente della nostra».

Senzatetto, dopo un lungo sospiro, continuò: «Ma perché distruggono così chi li nutre? Come fanno gli uomini a non capire che uccidendo la natura perdono tutto quello che sono?».

La trota balbettò qualche bolla incolore: «Hanno altre priorità, vogliono diventare ricchi e potenti, così facendo forse pensano di spaventare la morte, di fuorviarla, ingannarla, mentirle. L'ho visto sui loro volti che ti fulminavano mentre con le labbra sussurravano la tua condanna. Tu rappresenti ciò che più li esaspera, riassumi tutto quello che hanno distrutto, ecco perché la loro spazzatura ti respinge e i loro lampioni ti insultano. Gli uomini si rispecchiano nella tua povertà, agli altri tu ricordi la loro fragilità, la vulnerabilità, la stanchezza, il tempo che non dedicano più a dare un senso alla loro vita; la tua diversità smuove in loro un'ansia che li paralizza. Non cacciano via te ma quello che rappresenti».

Il vagabondo sentì di nuovo quel flusso di umidità interna. La trota riempì d'aria un'altra bolla: «I pesci rossi in esilio mi hanno confidato che gli umani preferiscono distruggere la vita piuttosto che crearla, così facendo sperano inconsciamente di avere meno paura della morte».

Senzatetto, pensieroso, si rese conto che una volta presa l'abitudine di mentire alla morte, non sarebbe stato difficile per gli individui della sua stessa specie mentirsi a vicenda. A quel punto chiese: «Cosa posso fare?».

La trota non esitò nemmeno un secondo e con dei piccoli granelli luminescenti distribuiti sulla superficie dell'acqua seminò le seguenti frasi: «Il fiume che attraversa la città ha bisogno di te e di tutti coloro che possono aiutarlo: può ancora essere salvato. È lì che troverai la tua anima».

Il ragazzo, incredulo, chiese: «Ma che devo fare?». E, con un leggero movimento delle branchie, la trota glielo mostrò: «Ripulendolo dall'immondizia e dalle lordure di cui è disseminato, scoprirai quello che cerchi».

Senzatetto stava per alzarsi in tutta fretta quando una bolla trasparente attirò la sua attenzione. La trota sembrava sicura di sé e ondeggiava serena. La bolla si frammentò infinite volte fino a diventare un fascio di puntini incandescenti che scrivevano: «Tranquillo, non devi affrettarti, trova prima altri cercatori di anime e chiedi loro di accompagnarti, la loro presenza è indispensabile per la tua ricerca. Io sarò al fiume tra due giorni, quando i primi riflessi argentati della notte toccheranno la sua superficie». Poi, percependo un'inquietudine in Senzatetto, aggiunse alcune bolle: «Non preoccuparti, avrò abbastanza ossigeno per sopravvivere». Il ragazzo sembrò rassicurato, e la trota continuò: «Ti indicherò un posto, un po' fuori città, dove scoprirai delle erbe di cui nutrirti e potrai anche bere acqua che nasce da fonti purissime. Ti aspetterò sotto il ponte dell'Ultimo Sospiro, là dove il corso d'acqua affianca il cimitero della Pace. A presto».

Veloce come un lampo, la trota sfrecciò lungo la strada e scomparve nell'oscurità di una rotonda. Nelle ore seguenti Senzatetto incontrò altri barboni e raccontò la sua avventura, suscitando grande ilarità: «Bolle di parole uscite dalla bocca di una trota che nuota in un canale di scolo... Accipicchia Senzatetto, vogliamo bere la stessa cosa che ti sei scolato tu!» e giù a ridere come matti. Ma al tramonto del secondo giorno qualcuno lo accompagnò, divertito, nella segreta speranza di farsi ancora due risate. Si mise a piovere a dirotto e una fitta nebbia si addensò nell'aria.

Al loro arrivo vicino al ponte, erano talmente immersi nella foschia e nell'oscurità da non riuscire quasi a riconoscersi tra loro, finché un paio di battute ruppero il silenzio: «Ehi, Senzatetto, se la trota vuole farsi vedere deve infilare delle candele nelle sue bolle!» e via con le risate: «Quante lingue pensi che parli?». Ma il ragazzo non ci faceva caso. Si avvicinò pian piano al fiume e vide subito la trota, che aveva mantenuto la parola; accanto a lei tre salmoni giganteschi nuotavano serafici nei vapori delle onde. I barboni, rimasti ammutoliti, si muovevano in un religioso silenzio pervaso da meraviglia. Senzatetto fece loro segno di sedersi ed essi obbedirono con garbo. La trota fece gonfiare una dozzina di grosse bolle che volarono in alto con i bisbigli dei neoassistenti in sottofondo. Le sfere scintillanti ruotavano nella notte come i fuochi di un faro: «Bravo Senzatetto, sono molto felice di rivederti, e do il benvenuto a tutti i tuoi amici».

Mentre i vagabondi si scambiavano sorrisi cordiali, le parole continuarono a illuminarsi: «Adesso potete iniziare a svolgere il vostro compito: camminando lungo il fiume, inciamperete nei detriti che lo deturpano e lo distruggono; restituendogli la bellezza troverete la vostra anima, e ne sarete commossi. Le erbe e le fonti che ti ho promesso si trovano più a monte, vicino a una quercia con dodici tronchi. Buona fortuna».

Senzatetto avrebbe voluto parlare ancora con la sua nuova amica, ma le scie lasciate sull'acqua al suo passaggio iniziavano già a scomparire, insieme ai salmoni che la seguirono.

All'alba i barboni poterono constatare lo stato pietoso dell'acqua che aveva appena ospitato quelle creature misteriose; dunque si misero al lavoro. Per giorni e giorni dalle loro mani passarono bottiglie, vecchie scarpe, inimmaginabili quantità di oggetti di cui non avrebbero mai capito l'uso. Si unirono a loro alcuni bambini, tra cui anche gli autori pentiti dell'ormai celebre massacro del 1° aprile. Qualcuno portò sul posto anche i luccicanti bidoni dei cassonetti del quartiere e Senzatetto li riconobbe. Lì per lì ebbe paura ma poi, con sua grande sorpresa, li vide ingoiare tutti i rifiuti che gli buttavano dentro. A quel punto quei bambini gli fecero un occhiolino complice.

Nelle settimane successive, Senzatetto vide arrivare anche anziani e pensionati, attirati dal fermento positivo che regnava sul fiume, e infine si aggregarono anche uomini e donne in carriera, affascinati dalla singolare calma con cui i pescatori di rifiuti rivolgevano lo sguardo a curiosi e passanti. Correva voce che un vento miracoloso soffiasse sulle rive del fiume, si diceva che una brezzolina fresca e profumata – fenomeno inspiegabile in quel luogo – spazzasse via la stanchezza di tutti coloro che si univano al gruppo dei raccoglitori di spazzatura. In molti, infatti, avevano notato che appena iniziato a ripulire il fiume si sentivano riposati; anche il semplice abbraccio che Senzatetto riservava alle nuove reclute bastava a infondere una sensazione di pace in tutto il corpo; perfino le mani, stringendosi le une con le altre, scoprivano di non essere più stanche.

Poco a poco il paesaggio si trasformava, il volto del fiume si stava togliendo la maschera putrida che lo ricopriva e i lineamenti ora avevano lo stesso colorito luminoso delle guance dei giovani al loro primo amore: la vita si stava preparando per la rinascita. Eppure Senzatetto diventava sempre più taciturno e preoccupato; non aveva ancora trovato la sua anima ed era forse l'unico a sentire che aveva il cuore imbavagliato. Gli altri barboni, invece, stavano sperimentando un intimo stato di benessere, e lo attribuivano alle erbe saporite che divoravano ogni giorno o all'acqua di fonte che li dissetava, ma Senzatetto sapeva che si sbagliavano. Sentiva nel profondo che c'era una spiegazione diversa, benché non riuscisse a coglierla con chiarezza. In ogni rifiuto ripescato sperava di scoprire un indizio che lo portasse a capire meglio il messaggio della trota, cercava in ogni angolo del fiume infilandovi le mani, ma l'acqua taceva. Alla fine, arrivò il giorno in cui tutto il corso d'acqua fu ripulito: un gruppetto di anziani e di bambini aveva appena raccolto gli ultimi rifiuti visibili sui ciottoli di pietre. Con grande sorpresa di coloro che gli erano accanto, però, Senzatetto appariva scoraggiato, camminava sempre a testa bassa e sembrava che le sue orbite avessero il vuoto al posto degli occhi. Proprio mentre stava per lasciare il fiume, sentì una serie di esclamazioni di stupore e nel giro di pochi secondi tutti si rivolsero nella stessa direzione. Il sole emanava gli ultimi raggi sulle rive del fiume tornato a nuova vita, ed era uno spettacolo che lasciava senza fiato, come se l'acqua stesse portando in dono la sua bellezza, concedendo la sua anima... Tutti si misero a sedere a bocca aperta, in un silenzio assoluto, con le lacrime che bagnavano le palpebre paralizzate dall'estasi. Avevano bisogno di tenersi per mano e di stare tutti vicini; il calore umano si fondeva con lo splendore della natura. Prendendo teneramente in braccio due bambini, Senzatetto finalmente capì ed era raggiante: lo scopo della sua ricerca era proprio quello che aveva appena fatto e che era diventato. Notò che la stanchezza era completamente scomparsa, che si era annullata nel senso che ora dava alla sua vita, poiché l'anima aveva ritrovato il suo posto. Ora sapeva che altri fiumi e altre trote lo stavano aspettando altrove. Di colpo, realizzò di non aver toccato una goccia d'alcol da più di tre mesi. Salutò con un cenno un barbone che piangeva come lui, e il ritmo dei loro cuori sembrava pulsare all'unisono. Quando l'oscurità cominciò a calare, mentre tutti si abbracciavano con affetto prima di andarsene, un grido interruppe i saluti: «Guardate!». Un bambino indicava di nuovo il fiume, sulla cui superficie galleggiava una enorme bolla che si alzò poi sopra gli sguardi stupiti dei presenti; lì, scoppiò in un fragore di luci color pastello e lasciò danzare nella sua scia i colori dell'arcobaleno che pervasero l'aria. Il vento si riempì di lettere sonore che sussurravano melodiosamente: «GRAZIE!».

## CHIAVE N. 3

Dopo aver preso un appuntamento, la nostra tartaruga bussa alla porta dell'allevatore di pappagalli, ma deve insistere perché nessuno risponde. A quel punto il suo cervello rettile riflette su un paio di ipotesi possibili, per quanto gli costi un certo sforzo perché riflettere non fa parte delle sue funzioni:

> o il terapeuta non c'è;
> oppure non ha sentito bussare.

La tartaruga bussa di nuovo. Si sente a disagio e vorrebbe tanto che qualcuno aprisse subito quella porta senza dover insistere ulteriormente. Si sta spazientendo, e spazientirsi è tipico del cervello rettile; questo sì che fa parte delle sue funzioni. Ciononostante, riesce a formulare altre ipotesi:

> o il terapeuta è un po' duro di comprendonio;
> oppure soffre di un deficit di attenzione.

Il cervello rettile sta andando in fumo e comincia a darsi delle risposte da solo: "Ecco perché lo specialista ama tanto i pappagalli! A loro non deve mai chiedere di ripetere, e lui non deve dare spiegazioni per giustificare il fatto che ha sempre la testa tra le nuvole, che è disordinato o distratto. Per di più, i pappagalli non gli diranno mai frasi del tipo: 'non farmi ripetere'". La tartaruga si compiace molto delle sue ipotesi, si sente intelligente e pensa di aver fatto un bel passo avanti nella terapia, e questo prima ancora di aver messo piede nello studio. Non sa ancora, però, che quello in realtà è un passo falso.

Riprova a bussare senza ottenere nessuna risposta.
Allora comincia a sbattere la pinna nella polvere al ritmo
di un colpo al minuto, una mossa davvero frenetica
per lei. La verità è che si sta infuriando, e una tartaruga
infuriata non è un bello spettacolo da vedere (a volte
digrigna perfino la mandibola!). Ora sbatte la pinna nella
polvere ben due volte al minuto, è evidente che la sua
rabbia sta montando vertiginosamente!

Finalmente alza la testa e vede un cartello con scritto:
«Enigma: la porta si aprirà solo se riuscirete a trovare
l'attesa piacevole, altrimenti potete andare altrove. E
se state ancora cercando la soluzione, sappiate che la
troverete *nella* porta, non dietro».

La pinna della tartaruga va per i tre colpi al minuto,
segno che si sta innervosendo sempre più. Ora è
furibonda, sta quasi per esplodere...

Ce l'ha con se stessa perché è lenta a capire. Ma come
si fa a trovare piacevole un'attesa? Il suo cervello rettile
cerca alternative ma stavolta non ci riesce, poiché lui non
è fatto per dare delle alternative.

«La risposta è proprio *nella* porta, non dietro.» La tartaruga
ripete questa frase come un pappagallo, nel caso in cui lo
specialista la stia ascoltando dall'altra parte della porta e
apprezzi. Ma, a furia di ripetere, non vede la porta, anzi non
la guarda nemmeno tanto il suo cervello rettile è offuscato
dall'ira, e lui sa come andare su tutte le furie!

A questo punto ci tiene molto a vedere il terapeuta,
non per essere aiutata a calmarsi ma per assestargli una
sonora sberla, e il cervello rettile sa come aggredire.

E se sfondasse la porta? Ci prova una prima volta. Indietreggia di un passo, due, poi prende la rincorsa e si lancia in avanti. Si sente un debole "toc" piuttosto che un deciso "bang", ma tutto tace. Il suo scatto è stato inutile.

Indietreggia ulteriormente. Ora se la prende con tutti quelli che la sottopongono agli enigmi: di sicuro non capiscono un bel niente del cervello rettile, sono solo dei mentecatti! E il cervello rettile sa bene come insultare.

Ma chi sarà mai questo psicologo fantasma, infame dispensatore di enigmi, vigliacco narcisista che non è altro? La tartaruga lo giudica e contemporaneamente giudica se stessa: ha smesso di sentirsi intelligente e il suo famoso primo passo terapeutico ha già fatto cilecca!

Si allontana ancora dalla porta. Non vuole porte sul suo cammino, le vorrebbe sfondare una per una per quanto sono stupide, soprattutto quelle che impediscono di vedere gli psicanalisti. Il cervello rettile perde la testa, ecco cosa gli riesce meglio.

La tartaruga si ferma e fa per prendere di nuovo la rincorsa. In quell'istante, però, nota la venatura del legno della porta e si rende conto che si tratta di legno d'ulivo, che ha già visto una volta in Tunisia. Ora desidera avvicinarsi, e lo fa con tutta calma. Non saprebbe dire se la porta è dorata, beige o rosa poiché le diverse sfumature si intrecciano con la luce e si fondono con le venature color caffè della materia, ma ha la certezza che, in quell'istante e in quella armonia, qualcosa vive. Davanti a tale bellezza, il cervello rettile non sa più cosa dire e quindi non dice nulla, semplicemente tace.

La tartaruga è arrivata a pochi centimetri dalla porta. Allunga la pinna per apprezzarne la trama e mentre sta per sfiorare il legno, la porta si apre.

Allora sorride perché sa di aver appena compiuto un vero passo avanti terapeutico. Appena inizia a rallegrarsene una voce tuona nell'ombra: «La stavo aspettando, ce ne ha messo di tempo!».

## CHIAVI PER I CERVELLI SINISTRI

Ovviamente questa è solo una caricatura del cervello rettile. In fondo si tratta di un racconto, non certo di un trattato di neuroanatomia, ma questa metafora illustra bene come le reazioni più primitive riescono a impadronirsi di tutto il nostro organismo quando l'ego si sente minacciato. Basta un pensiero – uno solo – che attraversa la mente come un lampo, per sconvolgere l'intero sistema biologico. Il cervello è stato condizionato per milioni di anni a *dirigere l'attenzione* su ciò che poteva rappresentare una potenziale *minaccia* (un movimento di foglie, un nuovo profumo, uno strano suono) ed era un meccanismo necessario per proteggere la vita stessa. Se un tempo al solo rumore di un frutto che cadeva scattava un'immediata difesa, oggi basta una semplice porta chiusa (mentre il cervello rettile si aspetta di trovarla aperta) per far scattare un allarme e mettersi sulla difensiva. Tutto ciò che viene percepito come un *rifiuto* scatena una cavalleria ormonale: una risatina sorniona, uno sguardo assente, una parola mortificante sono tutti dati che vengono registrati e analizzati in tempo reale come se fosse imminente un attacco. Gli stessi dati possono essere in seguito ricontrollati per ore, settimane, anni, alimentando un eterno guazzabuglio neuro-endocrinologico in cui perfino quella porta chiusa viene percepita come un'offesa. In questo modo il cervello cova un disagio che può evolversi in *depressione* o *disprezzo*, da cui l'importanza di diventare "vigili" e di restarlo in permanenza. In pratica si deve sapere accogliere la propria reazione, poiché è inevitabile che ci sia, per poi imparare a osservarla allo scopo di non lasciare che ciò che l'ha provocata si imprima nella memoria. Bisogna interrompere il movimento delle immagini e delle parole che abbiamo nella testa (la risata sorniona, lo sguardo assente, la parola squalificante) riportando l'attenzione nel campo dell'intelligenza. Il ragionamento è semplice: «Attenzione! Solo perché qualcuno ha preso in giro la mia idea, la mia sciarpa o la mia pettinatura, tutto il mio corpo si è messo in modalità attacco o fuga... Ma stiamo scherzando?».

È necessario quindi tornare alla consapevolezza e non lasciare che l'attenzione resti impigliata nella rete di una inopportuna reazione primitiva. Dobbiamo ripeterci che in fondo si tratta solo di una immagine o di una falsa identità. Nella metafora che avete appena letto, difatti, la nostra tartaruga scopre che è possibile sottrarsi a questo meccanismo ancestrale concentrandosi sull'inalterabile facoltà di provare meraviglia. Per quanto riguarda Senzatetto, invece, lui riesce a riappropriarsi della propria facoltà di creare.

Quel ragazzo subisce il rifiuto degli altri (vedi i bidoni della spazzatura "razzisti") e crede di non essere degno di interesse. A volte, nel corso delle nostre vite, il rifiuto non è reale. Capita di interpretare una frase o una smorfia come espressione di diffidenza o di discriminazione, salvo poi verificare che quei "segnali" non erano rivolti a noi. Tuttavia può succedere di subire davvero un rifiuto, come nel caso di Senzatetto. Ci sono persone il cui ego non tollera di essere minacciato dalla nostra presenza, persone che non riescono a condividere l'attenzione (percepita o reale) fino a quel momento rivolta esclusivamente a loro, e reagiscono come se ci fosse un'intrusione nella loro "zona protetta" o una proiezione distorta della propria immagine. L'ego non tollera ciò che potrebbe privarlo di attenzione, sottrargli i privilegi acquisiti o alterare l'immagine che ha di sé e, come ai tempi dei cavernicoli, si agita in presenza di rivali, ossia di tutti coloro che invadono il "suo" territorio: costoro devono essere eliminati (come in un videogame!). Non appena spunta fuori un più "qualche cosa" (più forte, più bello, più intelligente, più amato, più ricco o anche più povero), il buon vecchio sistema di sorveglianza si attiva e induce i neuroni a screditare, svilire o infangare quel più "qualche cosa".

Senzatetto è alle prese con un profondo senso di vuoto: nessuno lo vuole, da nessuna parte. La sua sola presenza è un elemento di disturbo e risveglia l'allarme biologico in tutti quelli che lo circondano. Così non riesce a dare un senso, uno qualsiasi, alla sua vita.

«Un individuo che non riesce a dare un senso alle proprie azioni e relazioni o alla sua vita, si trova in una condizione di noia e impotenza, quella che Viktor Frankl chiama "frustrazione esistenziale" o "vuoto esistenziale". [...] Ne derivano diverse possibilità di compensazione quali l'alcolismo, la tossicomania, la deviazione sociale o vie di fuga come l'ossessione del lavoro (*workaholism*), del gioco (*ludomania*), dei gossip eccetera. [...] Se questo stato perdura può evolvere in nevrosi, uno stato patologico caratterizzato principalmente dalla perdita di interesse, dalla mancanza di iniziativa e da un senso di vacuità che spesso si esprime come assenza di uno scopo o mancanza di significato nella vita.»[1]

A volte basta parlare con una persona gentile, incontrare un'"intelligenza" disponibile, per fare in modo che l'attenzione entri di nuovo in contatto con il nostro lato creativo e recuperi la possibilità di dare un senso alla vita: *benvenuto tra gli umani!*

Dobbiamo ripetere questa frase come un tempo si ripeteva una preghiera.

*Benvenuto nella sensazione di non valere niente,* in qualsiasi cosa o circostanza, poiché così siamo spinti a chiedere aiuto senza cadere nel ridicolo timore di ammettere la nostra inferiorità o di confermare la nostra nullità. (A questo proposito, bisognerebbe scrivere un libro intitolato *La nullità per i nulli* per dimostrare che il concetto di nullità è un'invenzione degli uomini, elaborata senza dubbio allo scopo di dimostrare ad altri uomini o alle donne la loro superiorità).

*Benvenuto nella convinzione di non essere bello o bella,* di essere una «macchia grigia su un muro grigio» (espressione presa in prestito da una vecchia amica), per riscoprire che la vera bellezza sta nel saperne apprezzare le manifestazioni, nel vederla laddove si

1   Estelle M. Morin, 1996.

rivela davvero, come nella leggerezza di una libellula o di una farfalla, nella danza di accoppiamento delle lumache o nello scorrere della pioggia sulla pelle dei frutti. E, perché no, anche per scoprire che non è necessario avere i pettorali di Tarzan o l'avvenenza di Jane per provare meraviglia davanti a un quadro di Rembrandt o di Modigliani.

Dunque, un *benvenuto anche nella noia e nella sensazione di vuoto,* per scoprire che siamo capaci di ridare un senso a ciò che sembra non averne più, o accettare il fatto che a volte l'unico senso che troviamo è quello imposto dall'ego. Ebbene sì, dobbiamo continuamente fronteggiarlo poiché lui è sempre pronto a umiliare, denigrare, escludere, dominare, manipolare per salvare la "pelle di zigrino". (L'espressione "pelle di zigrino" − titolo di un romanzo di Balzac[2] − è entrata nel linguaggio a indicare tutto ciò che si riduce man mano che si usa.)

Solo nel presente possiamo trovare delle strategie di azione che ci portano al senso. Ma non preoccuparti, caro lettore, il tuo ego non ti lascerà mai, non scomparirà neppure quando sarai concentrato sul prezioso presente, tutt'al più se ne starà in disparte restando in agguato dietro la tua capacità di meravigliarti, pronto ad accaparrarsi l'attenzione alla prima occasione, e cioè un secondo dopo!

2  *La pelle di zigrino* è un romanzo di Honoré de Balzac che fa parte della *Commedia umana,* pubblicato nel 1831.

Allora *benvenuto tra gli umani,* poiché è lì che si può sentire la voce di Christian Bobin dire: «C'è un albero davanti alla finestra del salone. Ogni mattina gli chiedo: "Ci sono novità oggi?". La risposta, data da centinaia di foglie, arriva subito: "Tutto!"».

«Solo nel presente possiamo trovare delle strategie di azione che ci portano al senso.»

DIVISIONE CLASSE

# ONESIMO E LASKA

*«Occorre costruirsi un'identità prima di trascenderla.*
*Dobbiamo trovarci prima di perderci.»*
M. Scott Peck[3]

Un tempo la ammirava. Quando la vedeva restava incantato, e i suoi occhi non potevano fare a meno di guardarla. Appena lei posava uno zoccolo fuori dalle scuderie lui si paralizzava, non sentiva più né fame né sete e tutto il suo corpo di maschio si concentrava in quella visione, come se smettesse di esistere per annullarsi nella contemplazione di lei.

Nell'irrequietezza di quella femmina selvatica riconosceva l'eterno rinnovarsi della terra: ne gustava avidamente i sussulti nervosi e gli scatti feroci, facendo suo ogni fremito dell'indomabile giumenta, e perfino la sua criniera dorata

---

3   M. Scott Peck, *Voglia di bene. Una guida alla nuova psicologia dell'amore, dei sentimenti e del bisogno spirituale*, traduzione di F. Castellenghi Piazza, Frassinelli, Milano, 1992.

scuoteva profondamente la sua natura di animale solitario e mansueto. Nell'eleganza dei suoi movimenti, riconosceva una grazia che lui non avrebbe mai avuto e nel suo galoppo ribelle apprezzava la libertà che cercava dentro di sé.

Non era invidia, anzi a lui non dispiaceva essere diverso. Non provava nessuna gelosia o desiderio di essere come lei. Ammirava semplicemente l'essenza della natura che si condensava nei fianchi vigorosi e nel muso di razza della giumenta. Riusciva ad apprezzare quell'incarnazione della vita senza volerla possedere o imitare, poiché era felice di ritrovare in lei tutto quello che a lui mancava. Impregnandosi di lei, scopriva la meraviglia che poteva nascere dalla diversità, e se ne nutriva attingendovi impeto e forza. Traeva piacere dalla forza della differenza, poiché immaginava che la natura misteriosa di lei gli avrebbe rivelato anche la bellezza dei propri segreti: l'ammirazione per Laska lo portava mille volte più vicino al suo io più recondito. Lo scalpitio di quella femmina recalcitrante lo conduceva dritto nei suoi silenzi e nelle sue paure di maschio che ora, grazie a lei, riusciva ad affrontare. Difatti, portava nello sguardo una dolce padronanza di sé, un'aria più convinta, la certezza di un cambiamento imminente nella sua nobile corsa di cavallo da tiro. Era convinto che, forzando la sua natura remissiva, quella giumenta lo avrebbe portato a rinascere. Ora non restava che avvicinarsi a lei per incontrare se stesso.

Ma il caso fece precipitare le cose e Onesimo scoprì di dovere frenare i suoi impeti. Infatti, non aveva previsto la totale indifferenza di Laska, che sembrava vivere solo per se stessa. Così, il muscoloso cavallo da tiro cominciò a sentire sulla propria pelle un senso di impotenza che non aveva mai provato. Lui, il robusto, il gigante, colui che niente e nessuno avrebbe potuto fermare, ora non riusciva più a seguire il suo cuore, si scontrava improvvisamente con la propria fragilità e con la propria incapacità di entrare in contatto con lei. Tutta la forza dei suoi muscoli era ormai inutile e un peso insopportabile gravava sulla sua anima.

L'ammirazione che provava per lei stava assumendo un tono indagatore, che lo induceva a studiare attentamente ogni singolo sguardo della giumenta nella speranza di poterne cogliere anche uno solo che fosse rivolto alla sua sofferenza. Era arrivato al punto di creare nella sua mente un'altra Laska, alla quale attribuire un interesse, una curiosità e un'attenzione che lei non gli aveva mai rivolto, e riponeva tutto il suo coraggio e il suo vigore nel tentativo disperato di far combaciare quel desiderio con la realtà. Cercava invano di trovare dentro di sé quei gesti in grado di attirare colei che tanto venerava, ma la sfuggente Laska non aveva né occhi né orecchie per lui. Così, tutti i suoi sforzi languivano sepolti dentro di lui, mentre la distanza tra contemplazione e realtà si allungava sempre di più: ora la possibilità di avvicinarla era diventata solo una chimera. Si rendeva conto di non riuscire a trascendere da sé, quindi non gli restava che soffocare il desiderio di conoscerla, sprofondando lentamente nella sensazione di non valere niente e nella convinzione di non meritare amore. Malgrado tutto, però, continuava a distruggersi nell'illusione che, manifestando la sua virilità, sarebbe riuscito ad avvicinarla, e si accaniva a mettere in mostra la propria robustezza, sollevando intere zolle di terra, pur di attirare l'attenzione della giumenta, ma da Laska arrivava solo il vuoto, quel vuoto che si stava impadronendo di lui. Tutti i carichi che trasportava si appesantivano sotto il peso del suo silenzio, poiché aveva messo a tacere i nitriti del suo cuore.

Una stanchezza a lui sconosciuta si era insinuata nelle sue forti membra, era una fiacchezza che sfibrava la sua muscolatura di lavoratore instancabile. Aveva già trainato tronchi, ceppi e carri nella sua vita, ma nessuna di quelle dure mansioni era riuscita ad annientarlo in quel modo; nemmeno i campi appena arati che lasciava dietro di lui gli avevano mai trasmesso un così grande senso di sfinimento. Ora aveva la sensazione di calpestare le rovine di una terra vergine che nessuno aveva mai rivoltato prima.

Al contatto con le pietre taglienti, l'argilla essiccata, le zolle indurite, aveva imparato ad apprezzare l'affaticamento fisico dei muscoli ben utilizzati e l'indolenzimento delle ossa soddisfatte dal lavoro svolto, ma quella nuova forma di stanchezza sembrava provenire da un altro tipo di terreno, come se riaffiorasse da un remoto suolo a lui ignoto. Aveva l'impressione di non avere mai lavorato dentro di sé.

Quella spossatezza si accentuò quando una ragazzina bionda come Laska infilò le sue mani delicate nella criniera della giumenta. Quell'esile fanciulla si trovava proprio dove lui avrebbe voluto essere, ovvero accanto a colei che avrebbe dovuto spronarlo a diventare se stesso. Era la prima volta che Onesimo vedeva la giumenta recalcitrante lasciarsi toccare e accarezzare e, mentre assisteva alla nascita di una nuova complicità, si rendeva conto tra sconcerto e dolore che Laska in realtà era in grado di comunicare. Era testimone, suo malgrado, di un rituale in cui sentiva che la durezza della giumenta stava sparendo, lasciando entrare nel suo cuore una nuova felicità. Proprio lì, nel prato accanto al suo, la tenerezza faceva la sua comparsa e l'amore prendeva corpo nella fusione di due universi che facevano spuntare stelle e firmamenti sui sorrisi delle due amiche. Onesimo, provato e inebetito, osservava la misteriosa trama della passione che si intrecciava fitta in ogni spazio di quella relazione, e cercava di capire cosa ci fosse in quei silenzi, in quell'armonia e in quella comunione di sguardi che univano un'anima tanto ingenua e una così selvatica. Con le ultime energie, tentava di capire cosa mai potesse avere o fare quella piccola estranea, quell'essere di una specie tanto distante dalla sua, per accaparrarsi l'interesse di Laska. E, dal momento che non poteva essere la forza della differenza a unirle, giustificava l'atteggiamento di apertura di Laska come "l'incoscienza della giumenta". Intanto aveva perso ogni tipo di rapporto con se stesso, non si ascoltava più né prestava attenzione alla propria esistenza: riusciva a riconoscersi solo nel bisogno che aveva dell'altro. Soccombeva davanti a quel legame da cui era escluso, e sprofondava alla vista di nuovi gesti che non gli lasciavano alcuno spazio, poiché quell'amicizia stava occupando un territorio in cui lui non era contemplato. In tal modo, provava anche il rimpianto di non aver nemmeno fatto il tentativo di entrare nel loro mondo.

Talvolta la fanciulla gli si accostava per accarezzargli il muso, ma il cavallo non pareva sentire più niente, come se la dolcezza degli altri si fermasse sulla superficie della sua pelle.

Calpestava ogni forma di attenzione o tenerezza, e scalciava via la brutta immagine che stava forgiando di sé. Lo sfiniva il fatto di continuare a condannarsi e di non credere più in se stesso ma, al contempo, metteva in campo tutte le risorse che aveva per riaffermare il proprio valore.

I suoi proprietari assistevano attoniti agli immani sforzi che impiegava in ogni nuovo compito, tanto che furono obbligati a rallentarne il ritmo pensando che fosse malato. Tentarono perfino con il riposo forzato, mettendolo sotto chiave nella scuderia, ma gli scalpiti risentiti del cavallo li convinsero a metterlo di nuovo al lavoro, a imbrigliarlo per affidargli compiti di traino ben più pesanti. Onesimo, per sfuggire alle sue ombre, aveva scelto di dimenticare, di dimenticarsi.

Laska sembrava più distante che mai. Stava vivendo in una dimensione che ammetteva un solo essere e che, con grande rammarico di Onesimo, la isolava dal resto del mondo. Ora quando la ragazzina montava in sella, Laska correva con l'andatura lenta di chi si è fatto addomesticare, e la sua bellezza e quella della ragazza si fondevano aumentando entrambe di intensità. Unite nella cavalcata, le nuove amiche disegnavano la sagoma del primo centauro femmina, saldate dal calore di essere in due. La giumenta danzava al ritmo degli schiocchi di lingua della sua compagna e componeva figure degne dei grandi cavalli da circo. Stranamente, sembrava aver coltivato l'obbedienza, cosa che esasperava Onesimo al punto di farlo sprofondare ancora di più nel proprio isolamento: rifiutava di vedere che non era più quella che era stata ai suoi occhi.

Laska era tutt'uno con i desideri e la volontà della sua cavallerizza, ed era talmente grande il piacere di dissolversi nell'altro che non aveva più voglia di essere se stessa: si lasciava riempire dall'altro fino a svuotarsi completamente. Eppure, grazie alla presenza della ragazza che guidava i suoi passi e i suoi pensieri, sentiva nascere in sé una nuova pienezza. Ogni gesto che compiva era come una testimonianza di gratitudine per l'interesse e l'affetto che le manifestava la ragazza. Amava il massaggio del bacino delicato sulle sue vertebre in crescita e assaporava la fermezza delle gambe che guidavano il suo corpo. La pressione che le redini davano al morso le procuravano il piacere di essere affrancata dalla responsabilità di decidere. Un senso di pace le aveva annientato ogni volontà, ed era diventata consapevole di cosa sarebbe stata per tutta la vita. Al solo pensiero gli zoccoli le si alleggerivano, le zampe si sollevavano e la terra diventava di colpo della stessa consistenza della schiuma e del vento.

Onesimo aveva smesso di guardarla, nel timore che ogni immagine potesse ricondurlo ai suoi sogni. Aveva preferito restare confinato nello sfiancamento, e difatti la fatica si impossessava poco a poco della sua memoria e della sua volontà, aderendo al suo pensiero come la muffa che si forma sui frutti troppo maturi. Il potente cavallo da tiro non percepiva nemmeno più la propria sofferenza, perché ora era convinto che la sua incapacità di manifestarsi lo avrebbe condannato a morire da solo.

Arrivati a ottobre la ragazza lasciò la regione. Onesimo ci mise qualche giorno per notare le trasformazioni che stava subendo Laska, e non si rese subito conto dello strazio che stava vivendo perché era troppo concentrato nel mettere insieme i propri pezzi. Da quando era partita la ragazza la giumenta si stava lasciando andare, non si reggeva in piedi, sembrava trascinarsi e non correva quasi più; non riusciva nemmeno a distendersi pian piano per terra, si accasciava. Ora procedeva a testa bassa, come se fosse schiacciata da un peso, mentre gli zoccoli raschiavano le pietre a ogni passo: Laska era l'immagine della sottomissione. Aveva abbandonato ogni forma di resistenza, accoglieva sul dorso qualunque tipo di corporatura la montasse, esseri umani di tutti i pesi e forme. Curvava le zampe e la colonna vertebrale sotto i loro corpi e obbediva ai loro comandi, animandosi solo se spronata a farlo. Portava a passeggio degli adulti enormi i cui colpi di sperone non le suscitavano alcuna emozione, né reagiva ai colpi di frustino degli adolescenti. Le mettevano in groppa dozzine di bambini il cui sorriso non colmava il vuoto lasciato dall'intimità perduta. Onesimo capì che Laska stava vivendo la stessa stanchezza e l'identico rifiuto che aveva vissuto lui, si era accorto che rimuginava ferocemente su una domanda che non avrebbe avuto risposta, e la sentiva logorarsi nel pensiero di non valere niente. La ascoltava nitrire notte e giorno che mai la ragazzina avrebbe avuto un'amica più fedele di lei.

Capiva anche la sua frustrazione, come stesse rimuginando ossessivamente sull'idea di avere commesso un errore imperdonabile, di aver saltato troppo presto o troppo tardi, di non essersi spinta alla giusta altezza, di avere fatto cadere le barriere che bisognava a ogni costo lasciare dov'erano, o ne coglieva il rimorso di essere stata troppo svelta nel trotto o un po' lenta nella parata. A lui bastava guardarla per riconoscere il tormento di un essere che si maltratta e si mortifica mentre, negli ultimi sussulti di amor proprio, perde la fiducia in se stesso. Stava ripercorrendo con lei il cammino di annullamento che lui stesso aveva seguito.

Nel vedere Laska farsi del male, Onesimo capiva il supplizio che lui stesso si era inflitto. Messo di fronte alle conseguenze del dolore, misurava la notevole entità dei danni causati da false immagini o percezioni errate. Per la prima volta nella sua esistenza, notava quanto fossero connesse le idee apparentemente più innocue con le emozioni più logoranti. Prendeva coscienza della tendenza a distruggersi nel doloroso gioco delle false impressioni tipica degli animali intelligenti. Una cosa era evidente: il pensiero che Laska fosse indispensabile alla propria felicità lo aveva fatto precipitare nella sofferenza. E pensò: «Nessuno mi è assolutamente necessario. Non è concepibile lasciare che le mie energie si anniento nella convinzione di non essere niente senza di lei». Scosse la testa più volte agitando la criniera come segno di disapprovazione per aver ceduto a quella convinzione, gesto che i cavalli compiono per allontanare immagini sgradite. Così, Onesimo indugiò in quel movimento poiché provava un grande imbarazzo all'idea di aver dato credito a quei pensieri.

Eppure una calma benefica si stava diffondendo nelle sue vene e si amplificò man mano che continuava a riflettere: «Ho creduto che il mio valore potesse dipendere dall'interesse di Laska e senza la sua attenzione ho pensato di non valere più niente. Non vedendo disponibilità da parte sua non mi davo più importanza». Il cavallo sentì scorrere tiepide lacrime sulle guance, poiché quella riflessione all'improvviso gli faceva male: «Questi pensieri sono taglienti come l'aratro e spezzano come l'erpice, però i semi non li seguono sempre nel solco». Quando posò teneramente lo sguardo sul corpo smagrito di Laska, un brivido gli scosse il corpo: il robusto cavallo capì allora che prendendo contatto con la realtà, toccando la solitudine consolidata nel suo corpo, qualcosa si era appena disinnescato in lui e vedeva la vera Laska per la prima volta. Ora non aveva più bisogno di inventarla né di imprigionarla nelle sue aspettative, non la rinchiudeva più nel suo desiderio di vederla fare di lui ciò che adesso aveva scoperto di essere l'unico a poter fare: diventare se stesso. Si liberava liberandola. Aveva smesso di tenere in ostaggio il suo cuore nel bisogno di sedurla, non soffocava più nella necessità profonda di farsi desiderare da lei. Scioglieva la briglia alle illusioni e alle chimere poiché la realtà era ora il solido aggancio della sua libertà.

Sentiva farsi largo dentro di sé lo spazio per nascere, crescere e amare: immensi territori in cui incontrare l'altro partendo dalla propria verità. Si appropriava del potere di essere libero, basandosi finalmente sull'idea che Laska non avrebbe mai forgiato la sua identità, che non lo avrebbe affrancato dalla solitudine e men che meno vissuto la vita al suo posto. La lotta interiore che aveva intrapreso per farsi amare era finita, ora le orecchie si ridrizzavano, le narici si dilatavano e si liberava dei paraocchi. Difatti, da quando non provava più il bisogno di essere amato, aveva un nuovo sguardo sereno e luminoso sulle cose, e l'anima si dilatava come i polmoni di un puledro appena nato. Onesimo lasciava scorrere dentro di sé la più dolce ed esigente delle possibilità: scegliere d'amare! Con nitriti possenti festeggiò l'arrivo della pace interiore e la rinascita tanto desiderata. Ora non doveva più trascinare l'aratro della sua esistenza, poiché ne era al comando.

Nelle settimane che seguirono, il cavallo ritrovò un ritmo di lavoro con limiti definiti e riscoprì i benefici della stanchezza che nobilita. Le sue mansioni non fungevano più da rifugio o da valvola di sfogo, ma da espressione quotidiana della sua capacità di incontrare di nuovo la vita e lasciarla fiorire. Scopriva quella disposizione d'animo che porta all'appagamento di sé. D'ora in poi avrebbe potuto interessarsi al mondo che lo circondava, penetrarvi, conoscerlo, meravigliarsene, e non avrebbe più permesso a progetti irrealizzabili di offuscargli i sensi: li avrebbe semplicemente messi al servizio dell'avena, dell'orzo e del fieno.

Il mormorio della terra rendeva omaggio all'odore di sudore di cui impregnava i sassi, mentre il coro delle radici e delle spighe salutava il suo adoperarsi, tra la vitalità dei semi e la foga del raccolto. Lui accoglieva tali testimonianze con semplicità, come segno del suo crescente contributo alla vita. La stanchezza della sera non si caricava del peso delle autocritiche nate dalle sue fantasie, bensì si accompagnava alla soddisfazione, e diventava il risultato di un'opera utile il cui valore si esprime da sé.

Onesimo dedicava sempre più tempo all'amicizia di compagne e compagni di scuderia che si confidavano con lui svelandogli i segreti più intimi. Amava ritrovarli nell'odore della paglia e del sale per provare in loro compagnia il piacere della condivisione e della complicità. La vicinanza dei respiri rendeva i silenzi una forma di serenità. Le serate si svolgevano in quella solidarietà che aveva da sempre fortificato in segreto tutti i cavalli del mondo. L'intimità rivestiva gli interni delle stalle, e tutti ne fruivano, la ricevevano o la offrivano.

Il cavallo si rallegrava con i suoi pari del prodigio compiuto dalla memoria della specie: in effetti, il mutuo supporto che le grosse mandrie selvagge portavano a ciascuno dei suoi componenti non era mai venuto meno malgrado la dispersione provocata dall'addomesticamento, anzi, l'assoggettamento non aveva affatto incrinato i legami di sangue. Le riunioni notturne prevenivano ancora la comparsa di ferite o aiutavano la loro guarigione, grazie al potere dell'attenzione collettiva o al conforto di quel calore tutto animale.

A Onesimo faceva bene stare insieme ai suoi simili, un beneficio di cui si era privato allontanandosi da loro, e sentiva il piacere dello scambio mentre l'intelligenza del cuore gli riempiva il petto. Sviluppò uno stretto rapporto con una coppia di giovani cavalli spagnoli, felici di riposare sempre accanto a lui. Nel corso di un'assemblea straordinaria, convocata d'urgenza dagli organizzatori, la giovane coppia d'innamorati lo mise al corrente della preoccupazione che serpeggiava nella scuderia ai tempi del suo esilio volontario, che tutti avevano soprannominato il suo "pascolo di isolamento". Gli nitrirono in tono consolatorio: «Abbiamo trascorso notti intere in preda a un'angoscia insopportabile che avvolgeva i nostri dibattiti e le nostre conversazioni. Con uno sforzo comune cercavamo di elaborare una trama di gesti da compiere per lenire la ferita scavata dalla tua sofferenza».

Onesimo fu molto stupito di non averne saputo nulla, e gli spagnoli gli spiegarono: «Il gruppo alla fine ha scelto la strada più difficile: lasciare che la sofferenza facesse il suo lavoro rigenerativo fino ai limiti percettibili della tua tolleranza. Abbiamo preso all'unanimità la drastica decisione di intervenire solo ai primi segni di un pericolo che riguardasse la tua mente. Non bisogna pregiudicare, per quanto possibile, il terreno fertile che nasce dal dolore».

Il cavallo capì con quanto affetto avessero vegliato su di lui, compiendo il sacrificio più delicato in amore: *lasciare che l'altro si faccia del male per permettergli di crescere.* Chiuse gli occhi per qualche istante assaporando quel miscuglio di gratitudine e tenerezza che si era impadronito dei suoi sentimenti. Però, mentre sfilavano nella sua mente quelle confortanti immagini di affetto, si disegnò distintamente il volto prostrato di Laska.

Alcune ombre gli si ripresentarono e per un attimo si inquietò, poi rivolgendosi ai nuovi compagni cercò delle risposte con gli sguardi e con le narici. Con un forte accento spagnolo, gli nitrirono calorosamente la loro empatia: «Tu ti stai chiedendo senza ombra di dubbio dove hanno fallito i nostri sforzi nei confronti di Laska. Sappi che le nostre paure hanno da tempo superato la capacità di trovare un accordo, poiché a volte seminano confusione e animosità anche tra quelli di noi che sono più affini. Noi pensiamo che lo stato mentale della nostra amica sia minacciato e non riusciamo a metterci d'accordo sul migliore atteggiamento da adottare per rinforzare la sua capacità di conoscersi e interpretare la propria realtà. Non sembra più in grado di sopportare il lavorio della sofferenza. La sua sensibilità non impara più, si sta offuscando. La sua stanchezza sembra più grande della sua volontà di reinventarsi la vita e le sue ultime risorse si sono dissolte in sterili tentativi di ricostruirsi un'identità, una serie ininterrotta di sforzi per farsi riconoscere, accettare e apprezzare. Proprio di recente, ha concentrato le poche energie che le restavano lanciandosi a briglia sciolta solo per averne in cambio qualche buffetto o altri segni di affetto. Abbiamo passivamente assistito al penoso atteggiamento del cavallo che porge il dorso alla sella solo per avere una conferma della propria esistenza».

Onesimo seguiva attentamente quel discorso. Era da poco che non aveva più negli occhi l'immagine del dramma di Laska e, se ne parlava ogni tanto, era per ribadire la sua liberazione dal bisogno di lei. In realtà se ne stava disinteressando, e senza rimpianti. Aveva messo a tacere la propria coscienza e le aveva perfino ordinato di rasserenarsi nella certezza che la giumenta sarebbe rinata senza portare conseguenze.

Si era lasciato andare alla gioia che gli procurava la sensazione di un'assoluta indipendenza, turbato solo dalla sgradevole sensazione di un singolare odore di umori, che lui attribuiva semplicemente all'ipersensibilità dell'odorato. Non dava alcun credito a quelle distrazioni, poiché ormai contava solo il richiamo pressante della sua autonomia. Così, rimase addolorato dal seguito del racconto, in cui si passava dall'incubo all'assurdo. I cavalli gli raccontarono: «Laska si sforzava sempre di anticipare i desideri di chiunque la montasse, cercava di cogliere con tatto le preferenze tanto dei debuttanti che dei fantini esperti, e si impegnava a mettere tutto il suo corpo al loro servizio per soddisfarli. Provava perfino ad aggiustare i suoi fianchi in funzione della magrezza delle cosce o della rotondità dei polpacci per assicurare il massimo confort ai più magri, ai più grassi, ai più leggeri e ai più pesanti. Si arrovellava nel desiderio di indovinare i segni del linguaggio segreto delle ginocchia e dei talloni, il significato delle strane parole che gli esseri umani rivolgono soltanto ai cavalli: "alé", "hop hop", "tch tch", e altre espressioni di questo tipo. Immaginava, stando sotto i corpi di cavalieri e cavallerizze, di riuscire a evitare il rifiuto, e intanto aveva in prospettiva di rifiutare se stessa. Avrebbe fatto qualunque cosa per spingere tutti quelli che portava in groppa a sceglierla di nuovo alla prossima venuta. L'abbiamo perfino vista inginocchiarsi davanti al frustino o allo scudiscio come per chiederne ancora, sperando forse di suscitare pena e di farsi adottare per sempre. A furia di percorrere quei desolanti pascoli, si è smarrita del tutto e la stanchezza le ha dato il colpo di grazia. Uomini vestiti di bianco sono venuti a farle delle iniezioni che l'hanno ridotta a dondolarsi ininterrottamente come un cavalluccio di legno, completamente assente come lo sono certi giocattoli abbandonati».

Onesimo, triste e affranto, chiese con apprensione: «Ma non siete riusciti a fare qualcosa?». Al che gli spagnoli, mortificati, risposero: «Abbiamo tentato di avvicinarla, accarezzarla, ma ogni tentativo non ha sortito altro effetto che l'indifferenza e la chiusura, come se il vuoto fosse la sua unica dimensione».

Il cavallo riconosceva i dettagli di quella impassibilità e di quell'indifferenza però le sue cicatrici ancora fresche ora gli svelavano un senso diverso della apparente freddezza di Laska: quello che un tempo poteva sembrare orgoglio, o anche un po' di timidezza, si traduceva adesso in abdicazione, un desiderio d'isolamento che aveva la meglio sulla sua volontà. E Onesimo lo sapeva bene!

Tre grandi sauri distesi di fianco agli spagnoli domandarono la parola e tutti si voltarono verso di loro per ascoltarli. Allora i tre dissero: «Saremo lieti di comunicarvi il risultato della consultazione che si è tenuta nell'assemblea a porte chiuse nel Campo dei Brocchi e dei Ronzini. La proposta di convocare il Consiglio delle Anziane e degli Anziani è stata accettata». L'annuncio fu accolto da sussurri e cenni d'approvazione.

Onesimo restò in silenzio. Non sapeva dell'esistenza di una tale organizzazione, ma già ne metteva in dubbio l'utilità. Di fronte alla reazione d'incredulità e sorpresa che gli si poteva leggere in volto, i cavalli aggiunsero: «Tre giumente e tre stalloni da cui quasi tutti noi siamo discendenti per almeno tre generazioni ascoltano se necessario ogni nostro smarrimento e ogni nostra disgrazia. Della vita conoscono soltanto il fatto di dare e ricevere la vita, ridare e riceverne ancora. Dediti alla riproduzione, all'allattamento e alla nostra educazione, hanno saputo guadagnare dalla vita un enorme insieme di lezioni ed esperienze. Attraverso il parto e lo svezzamento sono stati messi in condizione di addentrarsi in quel tipo di mistero che solo l'amore è in grado di penetrare. Vorremmo ispirarci alla loro saggezza per trovare le parole e i gesti giusti per essere di aiuto a Laska. Se non vi sono intoppi tra una settimana saranno qui da noi».

Onesimo giudicò incomprensibile che si fosse aspettato così tanto, e che ci volesse un'intera settimana per riunire quelle sagge bestie, ma i cavalli gli diedero una spiegazione dicendo: «I consiglieri mettono a rischio e pericolo la propria vita ogni volta che accettano un invito. Non essendo più fertili, non escono mai e sono confinati in granai dismessi in cui svogliati stallieri fanno veloci visite per nutrirli e lavarli. Hanno superato l'età in cui sono di qualche utilità agli uomini e devono la loro sopravvivenza alla loro docilità. Perché la loro assenza passi inosservata bisogna preparare minuziosamente tutto nei minimi particolari».

Onesimo prima annuì, poi chiese perplesso: «Come si fa per informarli di una nostra richiesta di aiuto?». Gli fu data una risposta con tono intimo e familiare: «Abbiamo amici roditori che li avviseranno: topolini e talpe faranno passare il messaggio per metterli al corrente della nostra richiesta nel giro di ventiquattro ore».

Il cavallo ci pensò su per un po' prima di sbottare: «E se questi famosi saggi si rifiutano?». I cavalli reagirono con la calma e comprensione di certi guaritori consapevoli di non avere una risposta per tutto: «Non hanno mai rifiutato» replicarono senza esitazione. «L'ultima volta che sono venuti nelle nostre scuderie hanno giurato sulla criniera della loro madre che soltanto la morte ci avrebbe privati della loro presenza.»

Quella risposta rasserenò Onesimo. Consapevole delle poche vie d'uscita, soppesava l'importanza di non lasciare che i suoi dubbi prevalessero sulla fiducia riposta dai suoi simili, riconoscendo la necessità di aprirsi alla saggezza delle Anziane e degli Anziani. Un solo timore tuttavia gli impediva di lasciarsi andare alla speranza e non si trattenne dal manifestare quel suo ultimo dubbio: cosa si sarebbe fatto per Laska durante quella settimana di penosa attesa? Gli spagnoli ribatterono: «Veglieremo su di lei. La terremo lontana dagli uomini e dai loro aghi. La nasconderemo tra i nostri ranghi perché se ne dimentichino, proteggendola dal male che lei stessa vorrebbe infliggersi. Vorremmo che tu ci accompagnassi, Onesimo, per farle da scudo insieme agli altri cavalli da tiro».

Il gigante sentì il proprio corpo farsi ancora più grande: lui era pronto! La terra dissodata respirava serenamente, era stata arata un'ultima volta prima di essere ricoperta in attesa dell'inverno. L'operaio poteva dunque staccarsi dal giogo del carro, e riporlo in un angolo recondito della mente insieme ad altri attrezzi che non avrebbe potuto usare prima dell'arrivo della primavera. L'autunno gli avrebbe permesso quindi di vagare libero e di dedicarsi insieme a fratelli e sorelle alla guarigione di Laska.

La settimana trascorse in quel calore tipico degli equini, quell'attitudine innata dei cavalli a prestarsi soccorso e proteggersi stando insieme. Onesimo sentiva il potere degli animali uniti dal desiderio di aiutarsi l'un l'altro e imparava a dare. A turno si stringevano a Laska cercando di trasmetterle il meglio della propria tenerezza e affetto che ognuno di loro poteva dare, mentre i movimenti della mandria si susseguivano nella più grande lealtà.

Gli uomini a volte li guardavano con aria interrogativa, ma avevano mansioni da svolgere prima dell'arrivo dell'inverno, quindi si tenevano in disparte, indifferenti.

I giorni e le notti si susseguirono nella tranquillità, senza che il minimo incidente turbasse l'ansia e la concentrazione che già fluttuavano al di sopra dei campi.

Onesimo era talmente assorbito dal comportamento di Laska da non perderla di vista nemmeno di un pelo e stava addirittura per arrivare in ritardo la sera in cui si teneva il Consiglio. A quelli che lo pregavano di affrettarsi aveva risposto di non aspettarlo: «Vi seguo, vi seguo» ma lo diceva senza muoversi di un passo, paralizzato a osservare lo spettro che era divenuta la femmina.

Quando le prime stelle cominciavano a brillare, una giovane giumenta grigia gli si avvicinò e, con un nitrito felpato ma deciso, gli disse: «Hanno chiesto a me di badare a Laska per tutta la notte, perché tu devi andare all'incontro. Vai, ti stanno aspettando!».

Il cavallo esitò, poi spinto soprattutto dalla speranza di vedere rinascere la vita in colei che invocava la morte, si diresse verso la scuderia.

Al suo arrivo le porte erano spalancate e trovò sei cavalli distesi che formavano un semicerchio nel passaggio tra le stalle. Il loro mantello nero si confondeva nell'oscurità, poiché all'interno della scuderia non c'era la minima luce.

Il cavallo però riusciva a distinguere dodici occhi che come smeraldi splendenti squarciavano il buio.

Sentì dire: «Vieni avanti, Onesimo, mancavi solo tu». Sul momento si impietrì, poiché in tutto l'edificio risuonava il più bello dei cantici: le Anziane e gli Anziani avevano intonato il salmo della compassione, facendo vibrare come corde di un liuto perfino le venature delle travi di legno. «Mettiti comodo, caro amico, vogliamo riferirti la nostra decisione.» Le sei voci parlavano all'unisono e, nella solennità del salmo che imponeva il raccoglimento più puro, era impossibile distinguerne le intonazioni ma, dal loro suono benevolo, il cavallo capì che gli avevano riservato una accoglienza colma di comprensione.

Al loro cospetto, Onesimo si sentiva più piccolo. Ritrovato un po' di coraggio, si stupì che avessero già preso una decisione e lo manifestò aggrottando la fronte. I saggi gli diedero subito una spiegazione: «Le talpe e i topolini ci hanno raccontato tutta la storia, Onesimo. Il nostro viaggio ci ha permesso di esaminare bene la situazione, e quello che va fatto ci è apparso in tutta la sua evidenza. Siamo convinti che un intervento responsabile da parte tua potrebbe avere forti possibilità di successo. Contiamo su di te».

Il cavallo, perplesso, si lasciò sfuggire: «Perché proprio io?».

E il coro benevolo proseguì: «Perché devi ancora crescere dentro di te, caro Onesimo».

Sbalordito il cavallo ribatté: «Ma che c'entro io con il male che affligge Laska e in che cosa la mia crescita interiore potrebbe portare sollievo alla sua sofferenza?».

La risposta fu immediata: «Lo capirai soltanto quando porterai a compimento quello che non hai mai osato iniziare, ossia entrare in contatto con Laska».

Il cavallo cominciava a perdere le staffe e a scalciare nervosamente: «Insomma, cosa dovrei fare per avvicinare colei che si è sempre mostrata inavvicinabile? Una sola volta ha fatto entrare un'eletta nel suo mondo, e apparteneva alla specie di coloro che ci dominano e ci sfruttano». Poi, turbato da quel canto mistico, aggiunse più sommessamente: «La specie che si prende cura di noi, ci offre un tetto e ci nutre». Infine, più malinconico, disse: «Da quando quella estranea se n'è andata, Laska sembra essere sprofondata per sempre in un luogo inaccessibile».

I cavalli smorzarono il loro canto, senza tuttavia renderlo meno devoto: «Trova il coraggio di strappare la morsa che ti stringe il cuore e riuscirai a raggiungere Laska!».

Onesimo si mise a piangere come un puledro, ma il calore che la dolcezza del canto aveva acceso nei petti e negli sguardi ardenti dei sei saggi riuscì a dissolvere le ombre che gli offuscavano l'anima: «Non nascondere la tua verità, Onesimo, chiamala con il suo nome e vedrai che il semplice fatto di esprimere la vita che porti dentro di te le restituirà tutto il suo valore ai tuoi occhi. In seguito, portandola in dono a Laska potrai riconoscerla e apprezzarla e così facendo le farai rivivere la vita che lei ha nascosto nel profondo di se stessa. Non dimenticare, Onesimo, che la vita chiama disperatamente la vita, anche in quel grido feroce che lancia per farsi liberare».

Il gigante piangeva, totalmente sopraffatto dagli effetti benefici che il salmo gli stava procurando: «Dichiarandole il tuo interesse e il tuo desiderio, ti sembrerà di correre nei campi di grano mentre le spighe, accarezzate dalla brezza, ti sussurrano: "Quello che si disperde per orgoglio o paura si recupera con la libertà"».

I cavalli fecero una pausa, prima di riprendere il canto da dove si era interrotto: «Hai affrontato grandi fatiche, Onesimo, quelle che nascono quando si tiene nascosta la più travolgente delle intenzioni: l'incontenibile voglia di amare. Portala alla luce del sole, caro amico, liberala dai lacci che la tengono imbrigliata, e dal timore di essere respinto. Liberala e con i tuoi nitriti falla scorrere dentro il sangue che la farà vivere».

Il salmo era ora più intenso: «Quando avrai fatto in modo che la vita incontri la vita, imparerai ad apprezzarla anche se riceverai distanza, ad averne cura anche se riceverai freddezza e a provare affetto anche davanti all'indifferenza. Quando avrai fatto in modo che la vita incontri la vita, tu la amerai per un unico valido motivo: perché la vita nasce da te, perché è in te».

Il cavallo si rasserenò, ma i saggi non avevano finito: «Tu non hai vissuto ancora fino in fondo la tua sofferenza, poiché ti mancano passaggi importanti; solo quando aprirai gli occhi sul dolore assopito, sulla tristezza che ti toglie il respiro, e sul male che hai seminato in fondo al cuore per impedirti l'accesso al desiderio, vedrai che sarà più facile avvicinarti a Laska».

Con l'aiuto dei ricordi, il cavallo cominciava a capire, mentre il respiro si faceva più profondo e il suo dolore meno insopportabile. Entrando in contatto con le sue ombre, riusciva a calmarle.

La melodia intanto continuava la sua opera benefica risvegliando, insieme al dolore intorpidito, le energie che ne avrebbero alleviato la sofferenza, e pareva accompagnarlo nella sua evoluzione: «Onesimo, hai già fatto molti progressi e godrai a lungo dei frutti delle tue scoperte. Per avvicinarti a Laska, potrai attingere ai doni che ha prodotto la tua lotta per la rinascita, e quei doni ti arrecheranno gioia profonda e momenti di esaltazione più intensi. Stando accanto alla giumenta tu coglierai i frutti che questa sofferenza ha generato per te. E sarà per te un privilegio. Laska ti apparirà sotto un'altra luce, e ti renderai conto che, nel momento in cui hai smesso di considerarla come un semplice oggetto di conquista, si è aperta una breccia nel sentimento che provi per lei. Ma soprattutto saprai che, una volta affrancato dal tuo bisogno di lei, l'hai resa finalmente accessibile».

Il silenzio che seguì era eloquente almeno quanto il canto, e permise al cavallo di assaporare tutta la saggezza che i sei anziani gli avevano mostrato, e di apprezzare fino in fondo l'intelligenza e l'esperienza della maturità. Il Consiglio si addentrò più intimamente nella sua coscienza: «Non cadere nella trappola di crederti il suo salvatore o il suo eroe, solo lei potrà fare cadere il velo che la nasconde a se stessa. Non fare gli stessi errori degli umani, Onesimo, i nostri già ci bastano! La tua passione deve trasformarsi semplicemente in amore. Solo così, Laska potrà diventare quella che è veramente. Nella crociata che stai per affrontare dovrai essere il suo umile cavallo di battaglia».

All'improvviso, il gigante non si sentì né troppo grande né troppo piccolo ma solo quello che era realmente, e tutta la forza e l'energia che aveva gli apparvero preziose. Accantonando sentimenti e desideri, poteva avvicinarsi a Laska per quello che era, senza nessuna immagine da salvare.

Quel fecondo canto terminò così: «Il profumo che ti turba proviene dalla giumenta, Onesimo. È tipico di tutti gli esseri in crescita emanare umori vitali come di recente è capitato anche a te; ecco perché la terra freme al loro contatto quando la calpesti, e ora ogni singolo tessuto della tua pelle ne produce enormi quantità, ma tu non preoccuparti, danno fastidio solo a coloro che temono ciò che questi umori rappresentano».

Il Consiglio si interruppe all'improvviso e dichiarò bruscamente: «Adesso il nostro aiuto non è più necessario, ti abbiamo rivelato tutto quello che sapevamo. A Pegaso, caro amico!»

I sei anziani chiusero gli occhi simultaneamente e cadde il buio totale. Il cavallo li sentì alzarsi e lasciare uno dopo l'altro la scuderia. Sembravano muoversi su zoccoli di velluto e quando gli passarono accanto sentì il loro fiato riscaldargli la pelle. Nonostante l'eccitazione che i saggi gli avevano provocato, sprofondò nel sonno, seguito poco dopo dagli altri fratelli e sorelle.

All'alba lasciò da solo la vecchia scuderia e nessuno degli altri cavalli, per quanto desiderosi di seguirlo, si mosse. Si avviò un po' impacciato e intimidito, galoppando tra l'erba violetta del mattino, dapprima con passo pesante poi sempre più leggero. Poi, di colpo, decise di mostrare a Laska quanto provava per lei con quei gesti eloquenti troppo a lungo trattenuti dentro di sé. Così iniziò a sbizzarrirsi, marcò di urina i quattro angoli del campo e, descrivendo cerchi concentrici intorno a lei, la raggiunse. Quando si trovò a un passo da lei però, si fermò davanti a quel suo dondolarsi inanimato. Niente era cambiato, il dolore sembrava l'unica cosa ancora viva in lei.

Onesimo non si perse d'animo, stavolta né l'orgoglio né la paura del rifiuto sortirono un qualche effetto sul suo desiderio di vita: non si sentiva più smarrito e nitriva tra sé e sé che doveva solo affrontare il mondo tortuoso all'interno del quale si dondolava Laska. I suoi proprietari erano partiti e si sarebbero assentati per qualche giorno, così aveva una totale libertà di movimento. Decise allora, per starle più vicino, di seguirla lì dove si era trincerata: doveva capire il ritmo di quel singolare dondolio e condividerlo con lei. Perciò, si mise a osservare i movimenti oscillatori della giumenta con la concentrazione di cui sono capaci le api o le formiche. Era pieno giorno quando Onesimo appoggiò il fianco sinistro su quello destro di Laska, intimando a ogni centimetro della sua pelle di prestare ascolto al grido soffocato in quel ritmo ondulatorio.

La sua testa sfiorava quella della giumenta, e da quella posizione il cavallo tentava di stabilire, tramite gli occhi e le orecchie, un solido legame con tutto quello che ormai sapeva essere l'esatto contrario della fine, ossia la straordinaria capacità di riprendersi e ricominciare: l'ostinazione tipica di tutti gli esseri viventi di risorgere aggrappandosi disperatamente alla vita. Aveva fatto appello a tutte le sue forze più recondite, si era affidato completamente al potere del suo istinto, per giungere là dove tutto aveva avuto inizio, aveva prestato ascolto alle pulsioni ancestrali dell'anima, mentre il suo corpo, tutto teso verso la giumenta, tentava di coglierne e ravvivarne le energie vitali sepolte in quelle membra provate. Sapeva che la vita palpitava rumorosamente sotto l'incapacità di superare il lutto, e lui riusciva a sentirla!

Negli sforzi compiuti per avvicinarsi a lei aveva annusato l'odore degli umori che emanava la femmina, e proprio grazie a quel profumo acre e così intenso, si era reso conto che niente era perduto. Al tramonto, i due animali si cullavano ormai sullo stesso ritmo.

Rispettando l'impegno preso con se stesso, Onesimo metteva a tacere l'intenzione di amare, ma quella gli cresceva dentro come un germoglio spunta dal nocciolo del frutto. Ora lui non la negava più né la allontanava, poiché sapeva che sarebbe stata utile a tirare fuori le forze sopite di Laska. Senza spostarsi mai di un pelo, continuò a cullarsi per ore perché in tal modo riusciva a scoprire il mondo chiuso della giumenta, ad addentrarsi in quel rifugio che fino ad allora aveva visto soltanto da fuori, rimanendo sulla soglia. Riusciva ad avvertire il gelo che attanagliava l'anima di Laska, anche se non sentiva il suo dolore, e scopriva in tanta desolazione l'immenso recinto che proteggeva la sua sensibilità mortificata, gli ampi fossati che impedivano all'attenzione di entrare e di fare del male. Cullandosi per amore poteva al contempo rivivere l'isolamento e trovare il modo di infrangerlo.

Nel bel mezzo della notte, più che mai deciso a farsi coraggio, le nitrì: «A furia di annullarti, dentro di te non ci sarà più niente che possa permetterti di incontrare davvero l'altro. Io lo so, perché l'ho imparato da te».

Laska non batté ciglio, come del resto Onesimo, che comunque non si aspettava più nulla da lei. Ora a lui bastava essere lì, nella sua interezza, nella sua verità, nella sua unicità: totalmente se stesso. Aveva capito istintivamente che per poter dare doveva restare così come era.

Perciò, a cuore aperto, continuò: «Un tempo ti ammiravo, i miei occhi non potevano fare a meno di guardarti, e mi servivo dei sogni per conoscerti. Ogni tuo fremito mi provocava un sudore che evaporava nel silenzio e nella solitudine quando ti incontravo nel sogno, ti attribuivo un interesse per me, ma poi ho dovuto confrontarmi con la tua indifferenza e alla fine sono crollato».

Mentre parlava, fu interrotto dai versi più belli dell'autunno: immensi stormi di anatre e oche selvatiche tra magnifiche grida volteggiavano nel silenzio della notte. Incantato da tale meraviglia, si scrollò e Laska fece immediatamente lo stesso. Sbalordito, Onesimo la guardò ma lei continuava a dondolarsi nella solita inerzia. Allora si scrollò di nuovo e, senza interrompere il suo movimento, lei lo imitò. Il gigante era felice poiché capiva che stavano affiorando segnali di vita, allora riprese: «Ho combattuto fino a sfinirmi, ho affrontato ciecamente tutte quelle fatiche che estirpano e prosciugano il corpo fino a inaridirlo: un tipo di stanchezza che nasce dalla lotta con se stessi. Per la prima volta in vita mia ho dovuto affrontare il vuoto. Ero vivo soltanto grazie alle imbracature, alle cinghie e alla cavezza, dovevo la mia esistenza solo a quanto mi veniva chiesto di fare: tirare, abbattere, trasportare. Provavo qualcosa solo quando mi ricompensavano di tanto in tanto con zucchero, carote o carezze, e dalla quantità e dalla frequenza di quei gesti misuravo il mio valore, senza mai veramente capire chi ero e quanto valevo davvero. Aspettavo soltanto che al mattino mi dessero un nuovo compito. Poi, come per miracolo, il tuo dolore mi ha illuminato! E, appena ti ho visto crollare inerme, ho capito quanto eri diventata indispensabile per me».

Onesimo si fermò di nuovo, tutto preso dallo spettacolo degli uccelli che stavano scendendo con un volo così leggero da sembrare un'immensa nuvola di piume, e battendo lievemente le ali si erano avvicinati alle loro teste. Commosso, scrollò la criniera ancora una volta e sentì Laska fare lo stesso. Allora gli venne in mente di fare un altro tentativo. Con uno slancio fulmineo si gettò in una macchia di terra grassa e vi si rotolò ricoprendosi interamente di letame, cenere e fango. Laska lo imitò e vi si rotolò ancor più vigorosamente di lui, ricoprendosi tutta di fango dagli zoccoli alle orecchie, poi si rialzò e riprese il suo dondolio rassicurante. Onesimo si mise di nuovo al suo fianco e dondolandosi con lei disse: «Avrei preferito che tu mi facessi nascere o sparire del tutto unendoti a me, ma poi ho capito che spettava solo a me rinascere, che siamo gli unici responsabili in tutto e per tutto della nostra identità, e che se per caso qualcuno potesse contribuire alla nostra rinascita non farebbe altro che esaltare ancora di più lo straordinario potere della nostra solitudine».

Onesimo deglutì come per evitare che un'emozione troppo forte potesse soffocarlo, e notò con sorpresa che gli uccelli si erano disposti tutti intorno a loro. Colmo di gioia aumentò il ritmo delle oscillazioni, Laska lo imitò e lui proseguì: «Nonostante queste preziose scoperte, ho fatto l'errore di non credere più alla tua utilità ed è allora che ho smesso di considerarti viva. Del resto, è stato facile distaccarmi da te – ci si sbarazza molto più facilmente di cavalli che assomigliano a spettri. Eppure agivo senza tenere in minimo conto un'altra enorme forza, quella della diversità. Mi illudevo, Laska, mentivo a me stesso, perché se è vero che si tratta di una forza immensa, incisiva e imprescindibile, per poterne godere bisogna essere in grado di trascendere se stessi e non era di certo il mio caso perché non avevo portato a termine quel processo di trasformazione, tuttora in atto».

Onesimo smise di muoversi. La giumenta dapprima accelerò il ritmo poi, dopo poco, incominciò a rallentare come se in lei fosse tornata la calma.

Fu allora che il cavallo provò a dirle: «Non può esserci differenza senza che ci sia stato prima un differenziarsi dall'altro, e solo quando questo accade si sperimenta la forza della diversità». Poi, facendo schioccare ogni singola sillaba, continuò: «È una forza irresistibile che avvicina così intensamente due esseri per farli camminare fianco a fianco».

A quel punto Laska era immobile, e stavolta prestava attenzione a quelle parole, perciò Onesimo fu incoraggiato a insistere: «È faticoso unirsi senza aver prima affermato la propria diversità. Gli sforzi devastanti che seguono a una rottura servono soltanto a cacciare le ombre, le immagini deformate che ha di se stesso chi non si è mai confrontato con la propria unicità».

Infine, tirando un gran sospiro, il gigante concluse: «Così, è stata la tua relazione con quella ragazzina, Laska: le hai dato il potere di fare di te quello che desiderava mentre tu non sapevi ancora chi eri e ti sei persa in lei prima ancora di trovarti».

Dopo un attimo di interminabile silenzio, Laska si voltò verso il cavallo e rispose: «Ho ancora bisogno di restare da sola, Onesimo, dillo anche agli altri. Vi raggiungerò presto, quando mi sentirò pronta».

Di ritorno alla scuderia, Onesimo era pieno di entusiasmo e cominciò i preparativi per una grande festa: tirò fuori l'avena di primo taglio e il miglio più secco. Gli spagnoli gli confidarono che avrebbero fatto una sorpresa dai colori ispanici.

Sporgendo il muso all'esterno di tanto in tanto, Onesimo lanciava uno sguardo a Laska tutta presa dai propri pensieri, attorniata dalle anatre e dalle oche che avevano l'aria di aver trovato in quel terreno di che nutrirsi a loro piacimento.

Onesimo quella notte non riuscì a chiudere occhio, tendendo l'orecchio a ogni singolo rumore autunnale nella speranza di sentire Laska avvicinarsi. Ogni sera si metteva in tiro sciogliendosi la criniera e lucidando gli zoccoli, per mettersi sull'uscio della stalla in attesa della giumenta.

Dopo una settimana, al tramonto, proprio mentre Laska si stava dirigendo verso di lui, la vide sterzare bruscamente e sfrecciare verso la casa abitata dagli umani, poiché la ragazza bionda era tornata. Strizzando gli occhi – la vista gli si era indebolita negli ultimi mesi – riuscì anche a distinguere mani che si agitavano e spalle che sussultavano tra risate e pianti, e in quell'oscurità pervasa di gioia il suo cuore cominciò a battere forte.

Laska si lasciava accarezzare mentre Onesimo si accasciò a terra con gli occhi chiusi inondati da un pianto irrefrenabile troppo a lungo represso. All'improvviso sentì il suolo vibrare, riaprì gli occhi e si accorse che la ragazza non c'era più e che Laska si stava avvicinando a lui. Non appena gli fu accanto, la femmina abbozzò un sorriso e gli disse: «Dai, entriamo che ho voglia di salutare i nostri amici».

Fu davvero una gran festa. Per tutta la notte gli spagnoli si scatenarono nelle danze, ora uno di fronte all'altro, ora fianco a fianco, volteggiando su se stessi e muovendosi al ritmo scandito dagli schiocchi dei ferri. Talpe e topolini presero parte alla festa e si incrociavano lesti tra le zampe, schivando i ballerini peraltro straordinariamente abili in quel tipo di danza che gli umani chiamano flamenco e che, come precisavano gli spagnoli a chi voleva saperne di più, avevano inventato i loro antenati. I tre sauri ce la misero tutta per imitarli ma riuscirono solo a pestarsi gli zoccoli.

Laska, che ultimamente era diventata pelle e ossa, mangiò e bevve di gusto. Sul fare del giorno si avvicinò a Onesimo e appoggiandogli il capo sul fianco gli sussurrò: «Vieni fuori con me, devo parlarti».

Quando uscirono dall'edificio, il cavallo notò lo splendore del volo delle anatre e delle oche bianche che aleggiavano placide sulla scuderia. Laska piangeva, e guardando il gigante negli occhi gli annunciò con un dolce nitrito: «Io parto, Onesimo, vado dove mi chiama la mia diversità. Le anatre mi hanno detto che oltre la frontiera esistono ancora delle mandrie di cavalli selvatici che scorrazzano liberi sulle montagne, sulle pianure e nelle vallate. Li raggiungerò perché condivido con loro lo stesso sangue e la stessa libertà, ed è con loro che rinascerò. Sono felice, Onesimo, profondamente felice». Il cavallo abbassò la testa.

«Non mi sarà difficile trovarli, seguirò i miei amici uccelli che mi indicheranno pazientemente la strada. Vorrei che tu salutassi per me tutti quelli che mi hanno aiutata, poiché per me è ancora troppo difficile farlo. Grida loro con tutte le tue forze che li amo. A Pegaso». Poi si scambiarono dolci carezze strofinando le criniere e la giumenta, con una ritrovata energia, partì a passo veloce.

Il cavallo da tiro la guardò allontanarsi finché non fu tutto ricoperto dalla polvere sollevata nella sua corsa, allora abbassò le orecchie e si girò su se stesso per dirigersi a passo lento verso la scuderia. Poi, mentre ascoltava in lontananza i canti delle anatre, fu incuriosito da un aroma familiare e infilando le narici umide nel mantello, non fu sorpreso di annusare un intenso odore di umori.

## CHIAVE N. 4

«Ce ne ha messo di tempo!» La nostra tartaruga è perplessa e il suo cervello rettile si riattiva: vorrebbe darsela a gambe. Ebbene sì, il cervello rettile è capace anche di questo, perfino dopo un vero passo avanti terapeutico, ma la sala di aspetto è stretta e lei non può fare dietrofront senza avanzare prima un po'. Cerca uno spazio in cui girare su se stessa e tornare da dove è venuta, che sia dall'entrata o dall'uscita, ma prima deve fare un giro di 180 gradi. Tra sé e sé ammette: "Com'è ingombrante il carapace!" e in un riflesso atavico ha l'istinto di ritirarsi al suo interno, tutto pur di non essere vista nemmeno di sfuggita dal terapeuta che è proprio lì, a pochi passi da lei.

Peraltro, sulla spalla dello specialista, nota un pappagallo intento a ripetere: «Ce ne ha messo di tempo, ce ne ha messo di tempo, ce ne ha messo di tempo». A quel punto il cervello rettile formula un'ipotesi: "Vuoi vedere che lo specialista è un ventriloquo?". Sta immaginando una eventualità, e al cervello rettile capita spesso di immaginare delle eventualità quando la tartaruga si sente insultata.

Il terapeuta interviene indicando il volatile: «Li recupero dalle coppie di umani che si separano. Arrivo proprio quando cominciano a litigare per la custodia dei loro uccelli o poco dopo. Quelli sono momenti strategici».

Non appena vede lo specialista da vicino, la tartaruga va sottosopra e si perde nel suo guscio tra carapace e piastrone. Il motivo è molto semplice, lo specialista e lo psicanalista che l'ha mandata lì si assomigliano come due gocce d'acqua: sono fratelli gemelli o sono la stessa persona? È confusa, crede che sia un inganno, un trucco da terapeuta oppure la stiano semplicemente prendendo in giro. Già non è molto veloce a capire, se poi ci si mette anche lui si confonde ancora di più! Ha tutta l'intenzione di andare a fondo della questione.

Ma lo specialista non le lascia il tempo, e prosegue: «Una signora si è rivolta a un principe del foro per ottenere la custodia del mio Cocorino – è di lui che parlo (indicando sempre il volatile appollaiato sulla sua spalla). Ha speso migliaia di euro pur di avere la custodia dell'amato uccellino. Anzi, asseriva di poter vivere benissimo senza quel bifolco del marito ma giammai senza il suo adorato pappagallo e diceva: "Preferisco di gran lunga un piumaggio a una pellaccia!".

«Dopo pochi mesi, non ne poteva più di sentire Cocorino che ripeteva ininterrottamente le stesse frasi pronunciate da mane a sera dall'ex marito: al mattino, quando usciva dal bagno, le diceva: "Ce ne hai messo di tempo"; quando finiva di bere il suo caffè: "Ce ne hai messo di tempo"; la sera, al ritorno dal lavoro: "Ce ne hai messo di tempo"; e anche quando stava per andare a teatro: "Ce ne hai messo di tempo". Perfino quando aveva un orgasmo (finto, per lo più) lui ripeteva: "Ce ne hai messo di tempo". E, visto che di giorno non riusciva mai a interromperlo, figuriamoci se ci riusciva di notte, mentre cercava di prendere sonno. Così il pappagallo, imperterrito, fischiettava fino all'alba: "Ce ne hai messo di tempo". Stufa e insonne, la signora ha pensato a un complotto pappagallo-marito e alla fine mi ha chiamato per regalarmi Cocorino. Il giorno in cui me lo ha portato, il pennuto l'ha guardata e, come ultimo addio, le ha detto: "Ce ne hai messo di tempo". Da quel momento fa parte del mio staff terapeutico!».

La tartaruga ha un moto di compassione per quella signora e si chiede come abbia fatto a resistere con quel marito. Si lancia addirittura in una battuta: «Ma il suo era uno "mari-tozzo"!» e, sempre insicura, chiede subito allo specialista: «L'ha capita?».

Ma lui non sta al gioco e ricomincia: «La stavo aspettando. Ce ne ha messo di tempo!».

La tartaruga pensa di essere diventata matta, e il cervello rettile sa come farglielo pensare. Non trova niente altro da dire che: «Le hanno già parlato di me?».

Lo specialista risponde di getto: «Perché, le farebbe piacere?».

La tartaruga non apprezza la domanda, la trova imbarazzante, leggermente insinuante, viziosa... provocatoria, insomma.

Ora è persa, si sente capovolta come se fosse di nuovo sul dorso, comincia a ripetere frasi come fosse un pappagallo, indisponendosi ancora di più: «Ma da dove spunta fuori questo maledetto specialista del cervello rettile, come osa e di cosa si impiccia?». È talmente strapazzata da dimenticare perfino che lo specialista e lo psicanalista si assomigliano come due gocce d'acqua, nega l'evidenza e non pensa nemmeno a chiedergli: «Siete la stessa persona?». Diventa tutta strapazzata, dalla testa al corpo, basta guardarla per accorgersene. Difatti, lo specialista glielo fa notare: «Lei ha l'aria strapazzata». Il cervello rettile non conta né uno né due (in ogni caso non sa contare) e va su tutte le furie: «Non bisogna certo essere dei grandi specialisti per notare che le sue parole mi hanno strapazzato». E vai così!

Lo specialista risponde come se le stesse dando una buona notizia: «Nel caso in cui non se ne sia accorta, il suo cervello rettile funziona magnificamente ed è anche molto veloce, come abbiamo appena notato. In effetti, il suo problema maggiore non è quello di essere "troppo lenta" ma di essere "troppo veloce"».

La tartaruga perde la testa, non avrebbe mai immaginato di sentirsi dire una cosa simile, ma lo specialista non ha ancora finito: «Non bisogna assolutamente far credere al suo cervello di essere eccezionale, sarebbe come infilarla nella trappola da cui sta cercando di uscire».

A quel punto la tartaruga vorrebbe tapparsi la bocca ma non ci sono tappi in giro. Si rassegna quindi ad ammettere con un: «Non capisco!».

Il terapeuta le propone allora un nuovo enigma, dicendole semplicemente: «Per far riposare il suo cervello rettile, ecco un altro enigma per lei».

La tartaruga è già stanca. Ha sempre pensato che gli enigmi non sono fatti per le tartarughe, o viceversa. E poi sa già che questo enigma non sarà per niente facile, altro che riposo. È stanca prima ancora di averlo ascoltato, anzi, rifiuta di ascoltarlo perché metterebbe la mano sul fuoco sul fatto che non sarà capace di risolverlo (anche se questa convinzione era stata appena smantellata dalla storia della porta e del legno d'ulivo).

Lo specialista richiama la sua attenzione: «Sarebbe meglio ascoltare se vuole vivere più di cento anni».

La tartaruga è molto impressionata, si chiede di nuovo se i due terapeuti non siano la stessa persona ma lo specialista non le permette di toccare l'argomento e la anticipa dicendo: «Ecco l'enigma: la soluzione a tutti i suoi problemi si trova nella risposta a un'unica domanda. Lei deve chiedersi: "Cosa sta proteggendo il mio cervello rettile?"».

Fa una pausa.

Poi, con un tono leggermente esasperato, ricomincia: «E per non fare notte, aggiungo un indizio: bisogna concentrarsi su Cocorino, perché è lui che le darà la soluzione».

La tartaruga osserva il pappagallo. Aspetta che parli, ma niente, non una parola, non la guarda nemmeno, è completamente indifferente. All'improvviso però, davanti a quel silenzio, la tartaruga ha una grande rivelazione: capisce che si tratta di un pappagallo, non di un'orca o di uno squalo, ma solo di un pappagallo! E anche se si trattasse di un ex marito, appollaiato lì sulla spalla del terapeuta, non cambierebbe niente. Di colpo prova un sorprendente benessere, una forma di libertà (o la libertà che prende forma): il suo cervello rettile (alias la sua guardia del corpo) non reagisce più come se fosse minacciato. In un lampo capisce che non c'è niente in lei che sia sotto minaccia, e di sicuro non sotto la minaccia di un pappagallo parlante!

«Non c'è niente in me che sia sotto minaccia» si ripete più volte.

Il pappagallo, che nel frattempo si era pulito le piume, si rivolge alla tartaruga con un: «Ce ne ha messo di tempo!».

## CHIAVI PER I CERVELLI SINISTRI

Di solito, se ci troviamo davanti a un pappagallo, ci aspettiamo che parli, vero? Proviamo anche a farlo parlare, usando il canto del gallo – «Chicchirichì!» – oppure il linguaggio umano – «Cù cù, Cocorino!» – pur di riuscire a sentire la sua "voce". Non dirmi che non ti è mai successo di sperare di essere il fortunato o la fortunata a cui si è finalmente degnato di dire qualcosa o in presenza del quale si è espresso per la prima volta! O forse non sei mai stato nemmeno per un istante in compagnia di un pappagallo o di una cocorita? In tal caso avrai probabilmente nutrito delle aspettative nei confronti di un altro essere vivente: avrai cercato di provocare il sorriso di un bambino con un "cucci cucci", le fusa di un gatto o la leccatina di un cane, "bacino bacino". Forse qualcuno di noi ha perfino sognato segretamente di ricevere uno sguardo d'intesa da un pesce rosso!

Trascorriamo gran parte della nostra vita ad *aspettare,* o meglio è il nostro bisogno di attenzione che aspetta. L'antica equazione *attenzione = sopravvivenza* è sempre viva nel profondo della nostra memoria e genera continuamente la paura di non ricevere attenzione o di perdere quella di cui presumiamo di essere l'oggetto. Fin da piccoli ci convinciamo di dover essere amati a tutti i costi per poter esistere, è un dogma che risiede nel nostro sistema neurologico. Un sistema di sorveglianza – una sorta di stazione radar biologica – che entra da subito in azione per rilevare le potenziali fonti di interesse

nei nostri confronti e che fa nascere le *aspettative*. Poco
a poco le paure prendono forma, con scenari di ogni tipo
in sottofondo; la scatola cranica diventa un'enorme sala
cinematografica in cui si proiettano milioni di film girati
dalla nostra immaginazione, in cui i protagonisti siamo
sempre noi: l'eroe, il principe azzurro, la principessa della
nostra infanzia rivivono in una perenne rappresentazione.
Crediamo di amare quando invece siamo semplicemente
innamorati (ossia in uno stato in cui il sistema endocrino
secerne droghe euforizzanti di inaudita potenza) e
desideriamo la fusione ancora prima di aver imparato
a distinguere tra "amare" (quando esercitiamo la nostra
volontà) e "essere amati" (quando subiamo la nostra
dipendenza).

Ed ecco che entra in ballo il cervello rettile, sempre
all'erta e pronto a selezionare le forme più adeguate a
garantire la sopravvivenza della specie, come i muscoli
più grandi o le curve più graziose. Siamo primitivi e
dipendenti, e tutta la nostra evoluzione consiste nel
prendere coscienza, incamminarci verso la civiltà e
l'autonomia. Onesimo e Laska intraprendono questo
cammino (e perché no, anche la tartaruga). Onesimo
dice: «Ho creduto che il mio valore potesse dipendere
dall'interesse di Laska e senza la sua attenzione
ho pensato di non valere più niente. Non vedendo
disponibilità da parte sua non mi davo più importanza». E,
in un passaggio successivo: «Si liberava liberandola. Aveva
smesso di tenere in ostaggio il suo cuore nel bisogno di
sedurla, non soffocava più nella necessità profonda di

farsi desiderare da lei. Scioglieva la briglia alle illusioni e alle chimere poiché la realtà era ora il solido aggancio della sua libertà».

Spesso confondiamo libertà (pieno uso delle nostre risorse) con attaccamento (dipendenza dalle risorse dell'altro). Il modo più efficace di generare l'interesse dell'altro è disinteressarsi, poiché solo l'interesse dell'altro è in grado di generare il suo interesse, un vero interesse, non una richiesta o delle aspettative. Ci sono persone che vivono in situazioni di dipendenza fisica estrema, per esempio quelle affette da malattie degenerative, che riescono ancora a dare una presenza di eccezionale qualità a chi si occupa di loro: la qualità della loro presenza le rende interessanti.

Il desiderio è, ovviamente, una espressione della vita, una vita che cerca di incontrarsi e diversificarsi sotto varie forme. E anche lì restiamo spiazzati come la nostra tartaruga, poiché confondiamo di nuovo il desiderio con l'amore. Dire: «Io lo (o la) amo» andrebbe tradotto con: «Io lo (o la) desidero». In questa fase non si può ancora parlare di vere manifestazioni di amore. Se l'ego potesse parlare direbbe: «Voglio la sua attenzione, voglio la sua attenzione, voglio la sua attenzione». Il desiderio è portatore di vita, è una formidabile forza vitale. Tuttavia, può diventare un problema se ostacola lo sviluppo della coscienza, ossia se lo consideriamo come fine ultimo della vita piuttosto che come una delle sue manifestazioni. Molti adolescenti difatti cadono nella trappola. Le ragazze spesso si fanno manipolare da individui che giocano con la combinazione esplosiva di desiderio e bisogno di essere amati, alcune arrivano anche a prostituirsi per non perdere l'attenzione che si illudono di ricevere: credono di amare e di essere amate, ma non conoscono ancora le loro qualità, fatta eccezione per il loro potere seduttivo. Ecco che l'ego ha la meglio sulla presenza: «Sono speciale, qualcuno si interessa a me! Esisto perché mi desiderano!» – l'ego si sovrappone all'essere, ma solo l'essere è capace di un'intelligenza amorevole e di un contatto autentico.

La distinzione di cui parla Scott Peck – «Occorre costruirsi un'identità prima di trascenderla. Bisogna trovarsi prima di perdersi» – è legata alla scoperta dell'essere. È quindi fondamentale scoprire la propria capacità di amare prima di abbandonarsi alla gioia di perdersi nell'altro. È la differenza a cui allude Onesimo quando si rivolge a Laska: «Eppure agivo senza tenere in minimo conto un'altra enorme forza, quella della diversità. Mi illudevo, Laska, mentivo a me stesso, perché se è vero che si tratta di una forza immensa, incisiva e imprescindibile, per poterne godere bisogna essere in grado di trascendere se stessi». Vale a dire avere scoperto che, liberandoci del bisogno di essere amati, mettiamo di nuovo in circolo la vita, dal momento che la dipendenza costituisce un ostacolo.

Onesimo lo ha capito accogliendo il proprio dolore, osservandolo e riconnettendosi con le qualità da cui si era distaccato: «Sentiva farsi largo dentro di sé lo spazio per nascere, crescere e amare: immensi territori in cui incontrare l'altro partendo dalla propria verità. Si appropriava del potere di essere libero, basandosi finalmente sull'idea che Laska non avrebbe mai forgiato la sua identità, che non lo avrebbe affrancato dalla solitudine e men che meno vissuto la vita al suo posto. La lotta interiore che aveva intrapreso per farsi amare era finita».

Esistono tre grandi tipi di reazioni primitive che hanno permesso alla specie umana di sopravvivere: la paura (fuga), l'aggressività (lotta) e il desiderio (riproduzione), che sono ancora oggi alla base di un vasto repertorio di emozioni legate all'ego come l'invidia, la gelosia, il disprezzo. Allora, *benvenuto nell'invidia, nella gelosia e nel disprezzo* così capirai una volta per tutte che si tratta di reazioni primitive associate alla paura dell'ego di scomparire (di non essere più niente, di dissolversi, disintegrarsi) perdendo l'attenzione che gli dà la sensazione di esistere:

> *La gelosia:* «Lui è più interessante di me perché ha la Lamborghini e assomiglia a Brad Pitt, ecco perché piace tanto a mia moglie. E io, con il mio vecchio catorcio e la faccia da rospo che mi ritrovo cosa posso offrire? Come potrei suscitare interesse? Sono condannato all'indifferenza per tutta la vita!».

> *L'invidia:* «I vicini hanno tutto quello che io non avrò mai: bellezza, soldi, successo e whisky pregiati. Senza questi optional resterò sempre un poveraccio la cui vita è un monumentale fallimento, soprattutto se non

potrò nemmeno sorseggiare uno di quei whisky prima di morire!».

> *Il disprezzo:* «Il bastardo ha rubato le mie idee, ecco perché ha avuto successo, e io, io niente. Io sono un povero imbecille che si sforza di essere onesto, al diavolo l'onestà!».

Sono tutte frasi che possono aprire le porte alla vera libertà, quella in cui nessuna di queste parole innesca un putiferio biologico, biochimico, psicologico (c'è chi lo chiama dolore) senza coglierne immediatamente il meccanismo. Quella libertà in cui, con un riflesso automatico, si attiva la facoltà di osservare il legame tra l'apparizione di queste parole e la reazione di malessere che provocano.

*Benvenuto tra gli umani!* Bisogna ripeterlo come un tempo si ripeteva una preghiera, per far sì che questa frase diventi la chiave per osservare il cervello rettile all'opera in quella regione primitiva della testa che tenta, con le migliori intenzioni, di proteggere una immagine! *Prendere dunque coscienza – saldamente coscienza –* che tutto il corpo entra in modalità lotta o fuga solo per proteggere un'immagine, null'altro che una semplice immagine, non la vita.

Ripetersi amorevolmente: *benvenuto nell'attesa e nella dipendenza dall'altro,* per poter cogliere l'errore neurologico *(benvenuto anche nell'errore neurologico)* impresso nella memoria: *se non sono amato = muoio!* Errore neurologico che nasce anche dalle storie che ci hanno raccontato:

«Il principe le ha finalmente dato un bacio! Dopo cento anni di sonno profondo! *Cento anni di attesa*! E vissero felici e contenti, ebbero tanti figli, eccetera, eccetera».

Possiamo allora scherzarci su, prendendo in giro allegramente il nostro ego, il che non ci impedisce di dire a tutti gli imbecilli della terra che abbiamo scoperto i loro giochini e che farebbero meglio a sviluppare la propria creatività piuttosto che rubare le idee altrui (sto scherzando!).

> «Ripetersi amorevolmente: benvenuto nell'attesa e nella dipendenza dall'altro per poter cogliere l'errore neurologico impresso nella memoria: se non sono amato = muoio».

# LA CIVETTA E LA SPUGNA

In una magnifica notte d'autunno una civetta, dopo un lungo viaggio, si era messa a cercare un rifugio per riposare le stanche ali. Il suo bel corpo dal piumaggio argentato captava il chiarore dei raggi della luna illuminando la foresta sottostante, mentre il suo volo placido emanava calma e saggezza. Perlustrando una piccola radura fu attirata da uno strano suono, un rumore che non le ricordava niente di conosciuto, né un odore né una sensazione, e a cui non riusciva nemmeno a trovare corrispondenze con tutte le grida, i canti e i versi che le erano familiari. Ormai i picchi avevano abbandonato le cortecce secche e indurite dal freddo, preferendo quelle tenere delle piante tropicali, gli scoiattoli si dondolavano sonnacchiosi con le guance piene di ghiande, e le marmotte dormivano profondamente nelle loro tane. Insomma, in quel luogo e in quella stagione, non c'era niente di noto che potesse giustificare la presenza di un rumore tanto insolito nel silenzio della notte. Avvicinandosi pian piano al punto da cui proveniva quel curioso suono, adocchiò delle assi inchiodate alla bell'e meglio tra loro. Ne aveva viste di case, capanne e castelli durante le sue esplorazioni, e si era anche posata sulle torri di grandi città, sulle garitte delle prigioni, sui fari dei porti e sugli igloo nei ghiacci, ma non le era mai capitato di incappare in una costruzione così malmessa. Intanto, il rumore che fuoriusciva dalle fessure di quella umile baracca richiamava sempre più la sua attenzione; era uno strofinio irregolare che si propagava senza una logica apparente. La civetta, affacciandosi da una delle intercapedini dell'improbabile tetto della catapecchia, diede uno sguardo discreto al suo interno. Non poteva credere ai suoi giganteschi occhi, le palpebre sbattevano come bacchette di tamburo: una cosa tutta affaccendata si agitava sulle assi del pavimento facendo dei movimenti talmente insensati che era difficile dire se scivolasse, si trascinasse o si strofinasse. Passava da una pozza d'acqua all'altra, e in quella catapecchia le pozze erano disseminate dappertutto! All'inizio si rannicchiava per rompere la lastra di ghiaccio che si era formata sulle pozze, poi ci si immergeva dentro per assorbire l'acqua e ricominciava la stessa giostra, senza fermarsi mai. La civetta le si rivolse con garbo: «Mi scusi, posso parlarle un attimo?».

La cosa fece un salto in aria e si irrigidì, prima di strisciare arrancando in un angolo buio. La civetta la vide tremare dallo spavento.

Allora le sussurrò: «Non aver paura, non voglio farti del male. Sorvolavo tranquilla e serena questa bella foresta quando ho sentito il rumore dei tuoi spostamenti e mi sono incuriosita. Non mi capita spesso di poter parlare con qualcuno, per favore, dimmi chi sei».

La cosa, ancora intimorita, si girò lentamente su se stessa, e colando acqua rispose: «Sono una spugna, la migliore, la più grande di tutte le spugne».

La civetta rimase di stucco, poiché quella forma raccapricciante non aveva nulla delle sontuose spugne rosa e blu che aveva avuto l'occasione di ammirare più volte quando partecipava ai memorabili tornei dei gufi granduca, nei mari del Sud. In un repentino battito d'ali disse: «Ti vedo molto indaffarata. In tutti i mari e gli oceani che ho sorvolato non mi era mai capitato di incontrare una spugna laboriosa come te. Cosa stai facendo?».

Uscendo un po' dall'ombra, la spugna ancora impaurita gocciolò: «Quindi hai già conosciuto altre spugne. Sai dirmi come erano e cosa facevano?». La civetta, empatica, capì che quella era una domanda cruciale per la spugna affaccendata, quindi le rispose soavemente, con un tono malinconico: «Erano bianche, rosa, blu, a volte verde smeraldo oppure rosso porpora. Non facevano niente tranne bere, dormire e respirare, lasciandosi cullare dalle onde o restando al riparo nelle rocce».

Poi il rapace, puntando gli enormi occhi sulla spugna, si rese conto che aveva ricominciato a fare quei movimenti senza senso.

«Sono sicura che quelle spugne non hanno avuto la fortuna di avere i meravigliosi padroncini che ho avuto io» commentò la spugna, «se loro non mi avessero assegnato questo incarico, oggi non sarei più niente.»

La civetta, interessata, voleva saperne di più su quei padroncini, ma la spugna la frenò e rimase immobile per spurgare acqua da tutti i pori: «Io non ho mai visto come sono fatta. Dimmi un po', sono verde, blu, rosa o rosso porpora?»

Con il pretesto di sistemarsi una piuma ribelle la civetta tossicchiò, poiché vedeva bene in quale stato pietoso versava la sua interlocutrice: era marcia, scolorita, sfilacciata, ammuffita, sgocciolava fango, sabbia e licheni a volontà, era screpolata da tutte le parti e, soprattutto, puzzava terribilmente.

Poi, con grande imbarazzo, abbassò lo sguardo e sospirò: «Tu sei diversa, non ho mai visto un colore simile al tuo in tutti i mari che ho sorvolato».

La spugna ebbe un brivido – forse di piacere –, mentre la civetta aveva il cuore pesante come un'incudine. Man mano che si addentrava nell'universo di solitudine della spugna si sentiva sopraffatta dalla tristezza.

La spugna uscì da quel precario cumulo di legnacci per cominciare a strizzarsi con violenza sul tappeto di foglie ghiacciate, ripetendo più volte di seguito quell'esercizio che sembrava esigere un grande sforzo.

Allora la civetta le chiese: «Cosa stai facendo?» e la spugna, rallentando la frequenza delle strizzature, rispose bruscamente: «Provo a svuotarmi di tutta l'acqua per tenere pulito il castello. Quando i miei padroncini torneranno, troveranno tutto asciutto».

La civetta ebbe la spiacevole sensazione di aver urtato la sensibilità della spugna ma, facendosi coraggio, insistette: «Dimmi, chi sono i padroncini di cui parli e perché devi tenere queste vecchie assi di legno marcito all'asciutto?».

La spugna si indispettì e fece sgocciolare molto lentamente tutta la sua collera: «Queste assi sono le fondamenta del palazzo dei miei padroncini, non sono né vecchie né tantomeno marcite, anzi sono solide e indistruttibili poiché io me ne prendo cura. I padroncini saranno fieri di me!».

La civetta bubolò in tono inquisitorio: «Ma si può sapere chi sono i tuoi padroncini?».

La spugna di colpo si calmò e con tono nostalgico rispose: «Erano tre: Marianna la streghetta, Emilia la piccola maga e Alessandro il paggetto. Quando mi hanno portato qui per farmi lavorare, gli alberi che vedi intorno a noi erano solo giovani arbusti. Si sono dati un gran da fare per costruire questo castello, ripetevano sempre che era il più bello del mondo e insistevano che "doveva essere tenuto all'asciutto, perché era fatto per durare nei secoli!". Venivano qui tutti i pomeriggi di quella estate fino a settembre, quando sono iniziate le piogge. Da allora sono andati via e non sono più tornati.

«Così ho deciso che niente mi avrebbe fermato dal compiere il mio dovere: volevo diventare la migliore spugna del mondo ed è quello che ho fatto, poiché nessuna spugna avrebbe potuto realizzare una simile impresa. Certo, è da vent'anni che sono zuppa d'acqua, ma non mollo. Ogni inverno mi indurisco, mi screpolo e mi spacco, poi in primavera mi scongelo e mi rimetto all'opera, assorbendo l'acqua che proviene dallo scioglimento della neve. Infine in autunno arrivano le interminabili settimane di pioggia e mi tocca impregnarmi di tutto il fango, la sabbia e l'argilla che si deposita sulla terra. Voglio che tutto sia perfettamente asciutto per il ritorno dei miei padroncini, e solo allora mi saranno riconoscenti, mi onoreranno del loro amore sempiterno e faranno di me la più ricca e la più bella tra le spugne. Sarò imperatrice».

La civetta aveva un nodo alla gola mentre osservava la spugna intenta a liberare i pori ostruiti sulle assi putrefatte, incapace di accogliere una sola goccia d'acqua in più tanto che era inzuppata, e più scivolava meno asciugava. In realtà non faceva altro che trasportare continuamente le stesse pozze d'acqua di quel pietoso pavimento da una parte all'altra. Si trascinava come una lumaca zoppa.

Mentre la civetta stava per aprire il becco, la spugna si sfogò: «Però mi sento sempre più stanca, l'inverno mi fa a pezzi, vivo male l'accumulo continuo di acqua e l'acidità delle piogge autunnali mi corrode e mi sfinisce. I rovesci primaverili mi danno sui nervi e mi fanno spazientire, sono davvero allo stremo delle forze, ma resto sempre dell'idea che il mio impegno un giorno sarà ripagato con la gratitudine e il meritato riposo».

In preda all'emozione, l'uccello fischiò: «Se insisti in questa folle impresa ti sfilaccerai una volta per tutte e lascerai i tuoi brandelli su questo pavimento marcito. Per quanto ti impegni, non potrai mai impedire a questa baracca di crollare. Pioggia e neve ti daranno il colpo di grazia e le tue briciole saranno disperse ai quattro venti».

Poi, spinta da un moto di affetto, la civetta le si rivolse con delicatezza: «Lascia che ti aiuti».

La spugna ora sembrava appesantirsi ancora di più e la civetta si commosse quando capì che stavolta l'acqua proveniva anche dal suo interno. La sua nuova amica singhiozzava e questo le faceva rallentare la sua folle corsa.

La spugna si sciolse in un: «Lasciami stare, me la caverò! Questo castello non crollerà mai, lo manterrò in piedi con il duro lavoro e la forza di volontà, poi i padroncini torneranno, mi abbracceranno e mi porteranno sulle spalle. Sarò incoronata Grande Spugna o Spugna Suprema».

Con un verso stridente la civetta obiettò: «Nello stato in cui ti trovi non sarai nemmeno in grado di accogliere le lacrime dei tuoi padroncini. Devi sapere la verità: quei bambini non verranno più, oggi sono cambiati, non riconosceresti né la streghetta, né la piccola maga né il paggetto».

La spugna, interdetta, rimase immobile. Poi, smise di piangere come se fosse stata consolata da una speranza, e chiese: «Perché, li conosci?».

Senza la minima esitazione la civetta rispose: «No, ma queste cose le so!».

«Come fai a saperlo?» si spurgò la spugna, avida di risposte.

«Ho vissuto a lungo in un vecchio granaio dove a volte venivano a dormire dei bambini, lì ho visto crescere streghette, piccole maghe e paggetti e, con il passare degli anni, li ho visti diventare molto diversi da come erano da piccoli. C'è chi diventa avvocato, dottore o si mette in politica e, con la sola eccezione dei poeti o dei folli, tutti dimenticano per sempre le spugne a cui avevano affidato grandi missioni nelle foreste incantate.»

La spugna era sbigottita e, dilatando i pori, sussurrò: «Ma allora i miei padroncini non torneranno più, non riceverò mai onori e riconoscimenti né il loro amore sempiterno. Non sarò mai la Grande Spugna».

Intenerita, la civetta proseguì: «In una notte indimenticabile, ho capito che nessuna civetta avrebbe potuto essere più importante delle altre. Ricordo che avevo appena imparato a volare quando ho avuto la fortuna di ascoltare un vecchio gufo che aveva fatto il giro del mondo per ben centodiciannove volte. Nelle notti di luna piena ripeteva sempre che non esistono civette straordinarie, e nemmeno civette ordinarie. Accompagnandosi con un canto puro e dolce, bubolava che tutte le civette erano uguali e che esisteva un solo tipo di civetta, quella viva».

La spugna, imbevuta di lacrime, disse: «Cosa potresti fare per me?».

L'uccello rispose premuroso: «Per cominciare, grazie ai miei giganteschi occhi di civetta, potrei aiutarti a vedere le cose da un altro punto di vista, a condizione che tu lo voglia davvero».

«Ma cosa potrò mai vedere da un altro punto di vista?» ribatté la spugna sospettosa.

La civetta sollevò lo sguardo verso l'orizzonte stellato e fischiò: «Castelli, palazzi, padroncini, il bisogno di essere una grandissima spugna e tutto quello che trascini con te da così tanto tempo su questo pavimento di legno marcito».

La spugna, torcendosi più volte su se stessa, sgocciolò lentamente: «Perché vuoi aiutarmi?».

«Perché mi stai a cuore» rispose la civetta con il becco sorridente.

La spugna si rimise in movimento come una bestia ferita che si rifiuta di morire e, molto dolcemente, lasciò scorrere un: «Accetto».

Con un guizzo deciso la civetta lasciò il suo trespolo e si infilò in una delle aperture più grandi della baracca, dove la luce della luna filtrava meglio. La spugna non si muoveva più, sentiva già che il calore del battito di ali possenti le procurava una sensazione di dolcezza a lei sconosciuta. Percepiva che, un po' alla volta, i suoi pori si stavano asciugando e riacquistavano sensibilità. Ora, difatti, riusciva a distinguere una carezza da uno strofinio e riscopriva quanto fosse bello sentirsi leggeri. Tuttavia, non appena l'uccello fece per toccarla, fu scossa da un brivido terribile.

«I tuoi artigli sono troppo affilati, mi farai male!» disse.

«Non preoccuparti, ti basterà essere una spugna, soltanto una spugna, e non proverai nessun dolore» fischiò la civetta.

«Essere una spugna, soltanto una spugna» mormorò.

Malgrado la fragilità dei tessuti spugnosi, la civetta riuscì a stringere gli artigli senza fare danni. Allentava o chiudeva la stretta a seconda della quantità di acqua che usciva dai pori, e ripeteva quel gesto lasciando fluire fiumi di licheni, sabbia e fango.

«Essere una spugna, soltanto una spugna», ripeteva serenamente la spugna. «Non esistono spugne più straordinarie o più ordinarie di altre. Esiste un solo tipo di spugna, quella viva».

La civetta, in un battito d'ali, si ritrovò di nuovo illuminata dal chiarore della luna. Sentiva in lei la profonda gioia di chi si mette al servizio degli altri, mentre con gli artigli teneva stretta a sé la spugna che canticchiava felice: «Essere una spugna, soltanto una spugna».

## CHIAVE N. 5

Lo specialista del cervello rettile si rivolge alla tartaruga: «A quanto pare ha cominciato a rallentare!». Scoppia a ridere rivolgendosi anche al pappagallo: «Visto Cocorino? La tartaruga ha cominciato a rallentare». Anche l'uccello ride, ripetendo: «Hi hi hi! Hi hi hi! Hi hi hi!».

La tartaruga, che prima di questo scoppio di ilarità era in gran forma, ora non si sente per niente bene. È bastato un attimo, nel suo caso piuttosto breve, per farle perdere il buon umore. Non ha nessuna idea di cosa sia divertente o meno, lei non si è mai trovata divertente poiché vive quasi sempre nel dubbio, e dubita in particolare della sua intelligenza, del suo aspetto fisico (odia la lunghezza del suo collo come la giraffa) e del suo senso dell'umorismo. Ogni volta che fa una battuta la spiega per essere sicura che sia capita, soprattutto quando nessuno ride. Ma stavolta, visto che non ha fatto nessuna battuta, si chiede se non sia lei stessa oggetto di scherno e questo pensiero non la fa ridere nemmeno un po'.

Prova un misto di dolore e rabbia ed è ancora tormentata dalla stessa domanda: «Ma il terapeuta e lo psicanalista sono o non sono la stessa persona?». In ogni caso, a lei non piace né l'uno né l'altro e, se anche fossero la stessa persona, le piacerebbero ancora meno. Non sa come, ma è sicura che alla fine scoprirà se sono due o se è uno solo.

Lo specialista continua: «Sta proprio facendo progressi la nostra tartaruga, non sei d'accordo, Cocorino?».
Il pappagallo non risponde, è intento a spulciarsi.

La tartaruga coglie l'occasione e, come un cane da ferma, punta il pappagallo: «Probabilmente Cocorino non ha mai sentito l'ex marito chiedere a sua moglie se era d'accordo e quindi non ha mai registrato la risposta!». Queste sono proprio riflessioni da tartaruga, riflessioni fulminee che le danno molta soddisfazione. Alza persino la testa per mostrare il suo orgoglio a tutti i presenti, cioè il terapeuta e il pappagallo. Non si capacita della velocità con cui il suo cervello rettile è riuscito a inserire nel ragionamento il disprezzo per l'ex marito, senza peraltro averlo mai conosciuto. Va detto che il cervello rettile ha un gran talento nel disprezzare chi non conosce, chi non ha conosciuto e chi non conoscerà mai.

Il terapeuta e il pappagallo fischiano all'unisono, per esprimere la loro ammirazione per il ragionamento della tartaruga. Sono fischi come quelli che si sentono alla fine di uno spettacolo.

Poi, mentre il terapeuta si ammutolisce, il pappagallo fischia prima tre volte e poi altre tre volte, e tre volte ancora. Il terapeuta le spiega: «L'ex marito non riusciva a fermarsi nemmeno davanti alla passività, al silenzio e ai pianti di sua moglie. Quel simpatico *mari-tozzo* (con un occhiolino terapeutico alla battuta della tartaruga) continuava a martellare per marcare una pseudo-superiorità, una pseudo vittoria. È così che Cocorino si è trasformato in un fedele catalizzatore dell'ego umano e ora ne è il portavoce».

Cocorino ride di nuovo: «Hi hi hi!» ma questa volta la sua risata non ha lo stesso timbro. Lo specialista chiarisce, con tono da guida di un parco zoologico: «Quella che ha appena sentito è una risata gialla, è la risata di colui che si rende conto della propria sconfitta ma non ha altre armi che la derisione per convincere se stesso e gli altri che la cosa non lo tange».

La tartaruga ride a sua volta, ma la sua non è una risata gialla. Difficile assegnarle un colore, però si sente risuonare nitidamente la voce dell'ego, come un'eco di gioia davanti alla sconfitta dell'altro. La tartaruga esulta dentro di sé perché qualcuno ha chiuso il becco al pappagallo.

Il terapeuta coglie al volo il senso delle sue risate: «Vedo che il suo cervello rettile non ha rallentato un secondo! Che straordinaria efficienza!»

La tartaruga non sa come reagire: odia il terapeuta, per quanto ne sia affascinata. Lui insiste: «Arrivati a questo punto, dovrebbe sapere perché il suo cervello rettile va nel panico davanti a una risata che immagina derisoria, anche se non lo è. Mi dia lei la risposta.»

La guarda negli occhi, scrutandoli per bene uno alla volta, ora a sinistra, ora a destra. La tartaruga cerca di seguire i movimenti del terapeuta ma non sa dove puntare la testa; ha le vertigini e perde l'equilibrio mentre il terapeuta aggiunge: «È impossibile fare un passo in avanti (o indietro) senza perdere l'equilibrio, appena alziamo una gamba per muovere un passo c'è il rischio di cadere».

La tartaruga controlla tutte e quattro le zampe per accertarsi che siano ben salde e che il suo squilibrio non venga da lì. Deve confessarlo (che è un po' lo scopo della sua terapia): «È troppo per la mia testa di tartaruga, penso che dovrò rinunciare a rallentare. Mi devo arrendere all'evidenza che il mio cervello rettile è troppo veloce per me».

Il terapeuta le intima con fermezza: «Mi segua!» e le indica un corridoio stretto e buio davanti a lui. Lo specialista accelera il passo e, portando sempre il pappagallo sulla spalla, sussurra: «Ho sempre avuto paura degli spazi angusti, soprattutto quando non sono illuminati».

La tartaruga manifesta la sua sorpresa: «Perché, lei ha paura?».

Il terapeuta ha la risposta pronta: «È proprio perché ho delle paure che riesco a guarire quelle degli altri. *Benvenuta nella paura*, è lì che capiremo perché il cervello rettile va nel panico».

La tartaruga non si fida, ha il timore che queste parole siano un altro abile raggiro del terapeuta, un trucco da illusionista. Ha sentito dire che alcuni terapeuti sono anche ipnotisti e lei non vuole essere ipnotizzata, non vuole trovarsi a fare il pollo o il gallo senza rendersene conto. Con tutte le difficoltà che ha nel contenere il suo cervello rettile, le manca solo di mettersi a fare l'animale da cortile, o peggio ancora, il pappagallo.

Ora ha un'espressione visibilmente accigliata che non sfugge allo specialista: «Ho l'impressione che lei si sia accigliata: questo di solito è un tipico segno di fastidio o sfiducia. Oppure è il suo aspetto naturale, ma è strano che io non me ne sia accorto fino ad ora, lo dico con grande modestia. Quindi: "Benvenuta nella sfiducia!", qui troverà tutto ciò che la rende diffidente».

La tartaruga, sopraffatta dalla curiosità, devia il discorso: «E le sue paure?».

Lo specialista non si scompone: «Mi curo guarendo gli altri. Ogni volta che una testa mi apre la sua porta, entro in uno spazio chiuso e poco illuminato, è quel che si definisce terapia per immersione».

La tartaruga si sta divertendo un mondo a invertire i ruoli, e continua: «Potrebbe parlarmene?».

Il terapeuta, pienamente a suo agio, assume un tono didattico: «Oggi esistono terapie per immersione in una *realtà virtuale*. Si mette un visore sulla testa del paziente e si proiettano immagini tridimensionali di ciò che il soggetto teme di più, per esempio un ragno o un topo. Si controlla l'intensità della proiezione, passando progressivamente dal ragnetto appena nato alla tarantola oppure dal topino al ratto. Pian piano, il cervello rettile si abitua».

Alla tartaruga piacerebbe tanto mettere quel visore per vedere le immagini di ciò che teme di più: non essere abbastanza veloce, non essere abbastanza carina, non essere abbastanza divertente! Così chiede: «Esistono immagini di barzellette che non fanno ridere nessuno?». Il terapeuta, sorpreso da questa domanda, sorride: «Non saprei, ma è un'opzione da prendere seriamente in considerazione».

Poi continua: «Per quanto mi riguarda non ho bisogno di utilizzare un visore, poiché ogni volta che ascolto qualcuno entro immediatamente in contatto con una realtà virtuale. È in quasi ogni testa, in qualsiasi momento, ed è stata creata tanto tempo fa! Oggi sono pochi i cervelli che sono pienamente nella *vita reale,* tutti gli altri inventano costantemente problemi irreali e li vivono come se fossero reali. In questo studio affronto quasi ogni paura immaginabile, ecco perché sono diventato un terapeuta, ossia uno specialista della realtà virtuale».

Poi si ferma davanti a una porta in legno d'ulivo, la osserva attentamente e questa si apre.

Entrano in una piccola stanza con una finestra in fondo che lascia filtrare la luce del giorno. Ci sono solo due gabbie sistemate su un trespolo, e in ognuna c'è un pappagallo che si sta spulciando.

Lo specialista fa le dovute presentazioni: «Questi due uccelli sono uno spasso! I loro proprietari me li hanno affidati quando hanno deciso di sbarazzarsi dei loro "piccoli" per salvare la coppia. Li hanno chiamati Ciba e Algino un po' per scherzo, perché raccontavano a tutti i loro amici che i due uccellini facevano passare loro il mal di testa».

La tartaruga non capisce la battuta, ma non ha il coraggio di dirlo.

Il terapeuta se ne accorge ma non interviene.

Continua: «Invece è successo l'esatto contrario! Ciba e Algino davano più mal di testa di una sbronza cattiva. Le spiegherò per quale motivo, ma prima vorrei farle notare che hanno entrambi le ali incrociate sul davanti, come se avessero messo il muso, atteggiamento che gli esseri umani definiscono *passivo-aggressivo*. E questo perché, a forza di imitare i loro proprietari, gli uccellini hanno imparato a ripetere non solo le loro parole, ma anche i loro gesti. E, dato che litigavano continuamente come i loro proprietari, era diventato impossibile lasciarli nella stessa gabbia: a furia di becchettarsi avrebbero potuto ferirsi. Ora vivono in gabbie separate. I proprietari non sopportavano più di vedersi imitati. Ciba e Algino erano diventati lo specchio dei loro comportamenti, così il Signore e la Signora hanno preferito liberarsene invece di continuare la terapia di coppia con me. Ora la lascio da sola con i pappagalli, saranno il suo nuovo rompicapo. Si prenda il tutto il tempo che le serve, non deve risolverlo rapidamente. E, se proprio ci tiene, dopo le spiegherò la battuta sui loro nomi!».

La tartaruga non ci tiene affatto a sentire la spiegazione della battuta sui nomi, perché teme di non capirla lo stesso.

Si avvicina alle due gabbie. Con questa specie è impossibile distinguere il maschio dalla femmina a meno di non essere un esperto (lo specialista l'aveva avvisata) e lei ne approfitta per dirsi che tanto non è esperta in un bel niente.

«Piacere di conoscerti, mi chiamo Ciba» attacca di getto la femmina, senza nemmeno aspettare una risposta dalla tartaruga che rimane perplessa da quella velocità. E continua: «Algino non ti parlerà. Lui ripete sempre e solo la stessa sciocchezza, esattamente come faceva il nostro ex proprietario.

«I nostri problemi sono iniziati quando il nostro
ex proprietario ha detto per la prima volta a sua
moglie: "Hai un cervello di gallina!". All'inizio, io e Algino
pensavamo fosse un complimento, in fondo la gallina è
un uccello come noi. Ci sentivamo lusingati, pensavamo
fosse un omaggio al nostro cervello, ma vedendo la
reazione della moglie, ci siamo resi conto che non era
così. Lei non l'ha certo preso per un complimento, anzi
ha girato i tacchi (una fantastica rotazione su due aghi)
e ha replicato in un botta e risposta: "Cervello di gallina
sarai tu!". Poi è uscita di casa sbattendo la porta per
tornare solo un'ora più tardi annunciando: "Vado a fare
l'uovo in altri pollai", ed è partita per oltre un mese.

«Mentre non c'era, Algino ha cominciato a dirmi
ripetutamente: "Hai un cervello di gallina! Hai un cervello
di gallina! Hai un cervello di gallina!", nella speranza che
il proprietario si stancasse di noi e ci liberasse, e invece
lo ha premiato. Lo faceva salire sull'indice e gli dava da
mangiare prelibati frutti tropicali: mango, kiwi e melograni
mentre io restavo nella gabbia a palle di grasso e semi,
punita perché ero una femmina. Poi Algino ha ricevuto
ciliegie, pesche e ananas, e a me sempre palle di grasso
e semi. Alla fine Algino trascorreva intere giornate a
ripetere: "Hai un cervello di gallina, hai un cervello di
gallina, hai un cervello di gallina!". Aveva sviluppato una
tale passione per i frutti tropicali che li ho cominciati a
chiamare "frutti della passione".

«Al ritorno dal suo viaggio, la moglie è stata categorica.
Ha detto: "O loro o me!", puntandoci addosso un

minacciosissimo indice. Il giorno dopo ci hanno portati qui, senza lasciare nemmeno un po' di frutta al povero Algino. Ecco, adesso sai tutto!» chiude Ciba tornando alle sue pulci.

A questo punto la tartaruga si chiede se sia meglio avere un cervello rettile o un cervello di gallina. Mentre cerca di risolvere il dilemma, lo specialista entra di nuovo nella stanza.

Le sue prime parole sono: «E allora?».

Per la tartaruga quella è una domanda difficile e inaspettata: "E allora?". Avrebbe voluto prima riflettere, fare ricerche, andare a fondo, per non sentirsi dire con sarcasmo da Cocorino: «Ce ne hai messo di tempo!». Piuttosto avrebbe preferito dare l'impressione di essere rallentata, ritardata, inceppata. Ma che domanda terribile è quel: «E allora?».

Il terapeuta aspetta: «Lo sa che non ho fretta».

La tartaruga ha molto caldo nonostante il suo sangue freddo (il cervello rettile sa come mandare in ebollizione) e si sente svenire.

Lo specialista se ne rende conto: «Svenga pure, tanto non cadrà dalle nuvole!».

La tartaruga perde la bussola per qualche secondo, per quanto tempo non si sa esattamente, ma a lei è sembrato un'eternità. Il terapeuta è rimasto immobile e la saluta dicendo: «E allora?».

Aspetta un po', quindi aggiunge: «È meglio avere un cervello rettile o un cervello di gallina?».

La tartaruga non ci può credere: ma come fa il terapeuta a sapere quali domande le passano per la testa?

Lo specialista non le lascia il tempo di reagire e suggerisce: «E se invece rigirassimo la domanda così: "Cosa farebbe una gallina senza il suo cervello, e cosa farebbe un rettile senza il suo cervello?"».

La tartaruga inizia a pensare. Vorrebbe rispondere subito e bene, e invece la risposta giusta rimane bloccata da qualche parte. Il terapeuta tace, sorride e annuisce.

I neuroni della tartaruga hanno un'illuminazione, una sorta di "lampo di genio", o almeno così pensa lei. Si rende conto che il marito non sa nulla dei cervelli delle galline, e nemmeno ci tiene a saperlo, solo che *qualcosa* nel suo cervello di marito si mette a fare paragoni, forse perché quel *qualcosa* pensa che il cervello di un marito è superiore al cervello di una gallina, sarà per una questione di dimensioni! La tartaruga scopre che questo paragone consente al *mari-tozzo* (le piace sempre la sua battuta) di essere al di sopra di tutti i cervelli che tratta da cervelli di gallina; è convinto di volare molto in alto, mentre in realtà vola molto basso.

La tartaruga, inoltre, ha capito che quel *qualcosa* si trova anche nel suo cervello rettile, e anche lì fa i suoi paragoni: «Sono meno bella, meno intelligente, meno divertente, sono meno di zero». Anche lei ha la sensazione di essere eccezionale ma al contrario: come se fosse l'unica tartaruga a nuotare sul dorso nelle profondità oceaniche. Si ripete più volte, per non dimenticarlo (guai a dimenticare), che quel *qualcosa* cerca costantemente di essere *qualcuno* e, da che si ricorda, teme di non riuscirci.

Capisce che, per quanto quel *qualcosa* sia spaventato, può restare tranquilla perché *lui* non è *lei*!

No, no, no! Quel *qualcosa* non è *lei*!

Adesso sente chiaramente la voce di quel *qualcosa*: è quella di Cocorino!

Entusiasta per questa scoperta, si gira lentamente verso lo specialista e, con grande sorpresa, scopre che lui è ancora lì!

Anche se il lampo di genio che ha attraversato la sua testa di tartaruga ci ha impiegato molto tempo, lo specialista non è fuggito, non si è mosso, anzi la sta osservando con grande tenerezza, e le dice: «E quindi?».

Serenamente, la tartaruga risponde: «E allora?».

## CHIAVI PER I CERVELLI SINISTRI

Cosa sarà mai quel qualcosa che la tartaruga ha scoperto di avere nel suo cervello rettile? Potrebbe essere lo stesso qualcosa che anima i movimenti della spugna: «Nessuna spugna avrebbe potuto realizzare una simile impresa [...] Mi saranno riconoscenti, mi onoreranno del loro amore sempiterno e faranno di me la più ricca e la più bella tra le spugne. Sarò imperatrice».

Quel qualcosa che non sono io ma che chiamiamo comunque "io", è l'ego!

La spugna è evidentemente in una *realtà virtuale*. Vive la sua storia come fosse vera, una storia che ha inventato e che continua a raccontarsi nel tempo. *Lei pensa che, per essere amata, deve fare tutto alla perfezione*, un pensiero che nasce dall'elementare logica del cervello dei bambini (ovviamente, la spugna non ha il cervello di un bambino, è solo una metafora!). Il cervello, malgrado l'immenso potenziale e le prodigiose qualità, è spesso un po' tonto e mette in relazione cose senza un criterio. Per esempio, connette A con B senza prima stabilire se c'è un legame reale tra A e B, immaginando e registrando così equazioni molto pericolose, come quella che segue:

1. *Essere amati significa sopravvivere.*
2. *Per essere amati, bisogna essere perfetti.*
3. *Quindi, per sopravvivere, bisogna essere perfetti.*

Questa equazione-sillogismo è alla base di tutta la "logica" dell'ego e, visto che i suoi termini sono sbagliati, risulta scorretta. E nonostante questo, purtroppo, causa un mucchio di false convinzioni che rischiano di condizionare per tutta le vita le reazioni del cervello rettile. Quel *qualcosa* è convinto che anche uno scherzo innocente possa eliminarlo, farlo sparire!

Sostenuta da tali convinzioni, la spugna si sta distruggendo per sopravvivere o meglio è quel *qualcosa* che, con lo scopo di assicurare la propria sopravvivenza, sta portando la spugna a una forma di auto-mutilazione, di annientamento della vita stessa: «Era marcia, scolorita, sfilacciata, ammuffita, sgocciolava fango, sabbia e licheni a volontà, era screpolata da tutte le parti e, soprattutto, puzzava terribilmente».

> «Ci sono due mondi, quello dell'ego e quello della presenza».

Il mondo dell'ego cerca instancabilmente di attirare l'attenzione, di accaparrarsela, di sequestrarla. E questo vale sia per l'attenzione esterna, quella degli altri, sia per l'attenzione interna, la nostra. L'ego non è mai sazio! Ricordiamo sempre un'altra equazione importante: *ricevere attenzione = sopravvivenza*! Tutto pur di farmi guardare, ascoltare, sentire e, a volte, accarezzare. Ricordiamo anche che questa equazione errata si accompagna spesso a un'altra falsa equazione per cui *devo essere eccezionale, distinguermi, prevalere per farmi notare, ascoltare, accarezzare.*

«La nostra grande sfida, la sfida di tutta una vita (che condividiamo sia con la tartaruga che con la spugna), è di distogliere l'attenzione dal mondo dell'ego e provare a liberarla per riportarla nel mondo della presenza.»

In poche parole dobbiamo tenere il cervello rettile sotto stretta sorveglianza, disinnescarlo, controllarlo, come fa la tartaruga. Quest'ultima scopre che l'ego (quel *qualcosa*) usa costantemente il cervello rettile allo scopo di vigilare e proteggere come gli umani usano una guardia del corpo, i servizi segreti o un sistema di difesa missilistica. La tartaruga prende coscienza di questa aberrazione e la esprime con un: «E allora?» perché ora sa che le prese in giro o gli insulti come: «Hai un cervello di gallina!» possono insinuarsi nel mondo dell'Io come un virus e fare danni, ma non riescono mai a entrare nel mondo della presenza!

Lei d'ora in poi sarà in grado di intercettare i giudizi che potrebbero "rapire" la sua attenzione e liberarla ancora prima di essere presa in ostaggio!

Quando le capiterà di sentire frasi del tipo «Stai rispondendo ai bisogni degli altri e non ai miei» oppure «Hai pensato prima a te stesso e poi a me! Chi sono io, per te?» saprà di avere ascoltato la voce di Cocorino.

Quindi la tartaruga sarà in grado di capire quando quel *qualcosa* si sente minacciato, o meglio quando ammetterà le sue paure con frasi come: «Tu pensi solo a te stesso!»; e potrà persino sottolineare, con delicatezza, che è sempre Cocorino a lanciare attacchi del tipo: «Tu non mi rispetti!». Ebbene sì, l'ego non rispetta, non rispetta un bel niente! Solo la presenza è capace di rispetto. Solo la presenza vede la presenza.

E poi saprà riconoscere il discorso manipolativo dell'ego in ogni suo: «Puoi soddisfare le mie esigenze solo se sei intelligente, bello, hai senso dell'umorismo, denaro, forza o qualsiasi altra cosa; ma se non hai nulla di tutto questo sei senza interesse, quindi sparisci!».

Quindi da un lato la nostra tartaruga sarà in grado di osservare Cocorino all'opera e dall'altro potrà placare il cervello rettile, dicendogli: «Calmati, cervello rettile, ti agiti per niente! Quello che stai cercando di proteggere in realtà non ne ha bisogno».

Sarà anche in grado di fissare dei limiti, senza temere il rifiuto che questa forma di rispetto di se stessa potrebbe comportare.

*Benvenuto nei "limiti", ossia l'esaurimento, lo sfinimento e la stanchezza,* perché così possiamo finalmente riconoscere che limiti esistono, e possiamo imparare a rispettarli! Ci sono ventiquattro ore al giorno, trecentosessantacinque giorni in un anno, cento anni nella vita (se siamo fortunati); in un corpo umano ci sono due braccia, due occhi, due orecchie, due gambe... È già tardi per scoprirlo! Sappiamo che in alcune aziende è vietato pronunciare la parola "limiti", come se fosse censurata poiché potrebbe essere di ostacolo al raggiungimento dell'eccellenza, delle prestazioni, del sorpasso. Ci dicono che il successo è felicità, e noi non ci fermiamo mai per chiederci se è proprio vero. Associamo l'idea di "successo" all'"essere guardati", "essere ascoltati", "essere riconosciuti", senza registrare la superficialità degli sguardi, dell'ascolto o la transitorietà che il successo comporta. Adottiamo il principio secondo cui: «Solo chi non ha limiti è davvero felice», senza renderci conto che ogni sorpasso ha una fine, un traguardo. I traguardi sono dappertutto!

Siamo schiavi del nostro intelletto, che ci ha portati a superare i limiti del mondo (siamo passati da tre stazioni televisive a duemiladuecento), cadendo nell'illusione di aver cancellato anche i limiti dentro di noi; eppure, il nostro cuore batte sempre settantadue volte al minuto e la nostra pressione sanguigna è ancora 80-120.

E se la tecnologia avanza, con l'arrivo dei robot potremmo diventare tutti come la nostra spugna. Queste super macchine non si pongono domande esistenziali sull'amore, sulla morte o su come pagare l'affitto. A quanto pare, i robot possono "fare l'amore con noi" (forse è già così) senza chiedere prima o poi «Mi ami?», e se il modello "giapponese", "tedesco" o quello all'ultimo grido non si porta più, basterà cambiarlo. Nessun compromesso da trovare, nessuna discussione per capirsi meglio, niente lacrime da cancellare. Non avranno mai rughe o parti del corpo che cedono per la vecchiaia: niente più limiti! Andranno anche a buttare la spazzatura senza aspettare che qualcun altro lo faccia, poiché saranno programmati per anticipare tutti i nostri desideri. Forse saranno anche in grado di dare tenerezza, se ne percepiscono una mancanza, ma non vorranno in cambio nessuna prova d'amore e non saranno mai delusi, quindi non ci sarà più la necessità di dire: «Cocorino, pensi solo a te stesso!». E, in linea di principio, dovrebbero eseguire le loro mansioni senza commettere errori, per quanto avranno sempre bisogno di manutenzione perché la garanzia di un anno, a cui si potrà aggiungere un'estensione con costi aggiuntivi, non basterà (*ops*, dei limiti!): ci saranno alcuni pezzi la cui usura è inevitabile e che non saranno certo garantiti (che strano, ancora dei limiti!), anche se sono stati realizzati in titanio o in acciaio inossidabile, e forse si verificheranno errori di sistema legati a eccessi o a un uso errato. Con il grande appetito che si ritrovano gli uomini, avremo bisogno di infinite polizze per proteggerci!

Quindi, *benvenuto nei limiti*, perché dobbiamo tornare con urgenza alla nostra "umanità". Oggi non possiamo più fare una telefonata senza dover subire l'infinita sequenza di domande pronunciate da una voce registrata: «Se vuoi la senape nel tuo panino premi 5, se vuoi i cetriolini premi 6, se vuoi riascoltare il messaggio premi 1 ma sbrigati prima che finiscano i cetriolini!». Il nervosismo sta diventando il sentimento più diffuso, che si propaga nell'aria come un'allergia: «Ma cosa devo premere per parlare con un essere umano? Non voglio panini o cetriolini, voglio solo sapere dove sono i gabinetti!».

*Benvenuto nei limiti, benvenuto tra gli umani!* Ai nostri tempi siamo sempre pronti a denunciare l'errore altrui a colpi di tweet o di pollice verso (come all'epoca dei gladiatori), perché siamo convinti di essere perfetti. La mancanza di "insight emotivo" sembra essere una delle più grandi malattie della modernità. Oggi la perfezione è un requisito da soddisfare ogni giorno, ed è al centro delle aspettative che abbiamo, sia rispetto agli altri sia nei confronti di noi stessi: ce la imponiamo su Facebook, su Instagram e su altri veicoli dell'immagine che corrono sulle autostrade dei social network, carichi di accuse e critiche; la sfoggiamo come modello da imitare per entrare in un nirvana rappresentato da ricchezza, bellezza e potere, al quale ci illudono di poter accedere, e per cui ci forniscono perfino delle ricette. La televisione ci inonda di "modelli di successo" (uomini d'affari, sportivi, artisti) che fallirebbero miseramente nei test che misurano la gioia di vivere e la qualità delle relazioni interpersonali.

Intanto ci sono bambini che alzano tutti insieme la mano per chiedere: «Ehi, dove siete? Qualcuno mi sente?». A modo loro stanno urlando: «Dov'è la vita in questa baraonda? Qualcuno si ricorda di lei?».

A questo proposito un autore anonimo ha scritto un testo molto toccante, che suona come una accorata richiesta di aiuto:

«Abbiamo fatto chilometri su chilometri alla ricerca del regalo perfetto per nostro figlio. Ero molto stanco, così ho pensato di chiedergli cosa volesse. Ecco la lista dei suoi desideri:

«Mi piacerebbe essere Felix, il nostro gatto, così potrei essere preso in braccio ogni volta che tornate a casa.

«Vorrei diventare un iPod per farvi ascoltare attraverso le cuffiette, senza distrazioni, le parole che vi sussurrano alle orecchie la mia solitudine.

«Vorrei essere un giornale, per farmi prendere ogni giorno, almeno un po', e farmi chiedere se ci sono novità.

«Mi piacerebbe diventare una televisione, per non addormentarmi mai la sera senza essere stato guardato almeno una volta con interesse.

«Vorrei essere una squadra di hockey per te, papà, così ti vedrei saltellante di gioia dopo ogni mia vittoria.

«Vorrei essere un romanzo per te, mamma, così potresti leggere quello che provo.

«A pensarci bene, non comprate niente, poiché c'è solo una cosa che vorrei: fatemi sentire che sono un bambino!».

> «Allora, *benvenuto tra gli umani!* Diciamolo ancora, è urgente ripetere questa frase: *benvenuto tra gli umani, benvenuto tra gli umani, benvenuto tra gli umani.* Dobbiamo ripeterlo come un tempo si recitava una preghiera. Diventiamo tutti pappagalli consapevoli e ripetiamo a noi stessi qual è la differenza tra il mondo dell'ego e il mondo della presenza.»

Osserviamo bene le trappole che ci tende il cervello rettile, tutti gli errori che commette, la sua tendenza continua a prendere la strada sbagliata. Coccoliamolo (metaforicamente parlando!) e ringraziamolo per i suoi tentativi di proteggerci.

E soprattutto, davanti a scherzi, insulti, paura del rifiuto, ripetiamo forte e chiaro: «E allora, e allora, e allora?».

# L'OSTRICA E IL VECCHIO

Dopo aver camminato a lungo su una spiaggia in cui non c'erano castelli, il vecchio senza rughe si tolse i vestiti e si sedette proprio di fronte al mare. Il suo corpo nudo luccicava come la pelle di un rettile al caldo sole del pomeriggio, quando chiuse gli occhi e intonò un canto funebre, con una voce profonda che sembrava evocare qualcuno o qualcosa. Quella lunga e solenne melodia, che si confondeva con il ritmo delle onde, fu interrotta all'improvviso da un colpo secco e il vecchio sentì uno strano soffio riscaldargli i piedi. Chinò delicatamente la testa verso quel calore insolito e scoprì con stupore un'ostrica che batteva le valve nella sua direzione: «Cosa stai aspettando?» gli chiese.

Mai prima di allora il vecchio senza rughe aveva comunicato con altre forme di vita che non fossero umane. Lì per lì rimase di stucco e non proferì parola ma, con due o tre colpetti, l'ostrica ripeté la domanda: «Cosa stai aspettando, vecchio?».

Il vecchio senza rughe pensò che non aveva niente da perdere, e una volta appurato che nessuno lo avrebbe visto, rispose: «Aspetto che la marea salga e mi porti finalmente il riposo».

«Di che riposo parli?» riprese l'ostrica.

«Del riposo eterno» mormorò con aria assorta il vecchio.

«Vorresti riposare per l'eternità? Mi sembra un tempo eccessivamente lungo… Sei stanco fino a questo punto?» chiese con un colpetto di stupore la conchiglia terrosa.

«Sì, sono immensamente stanco, è la stanchezza di tutta una vita. Non ho più la forza di affrontare nulla, ho le spalle e le braccia vuote (il vecchio le lasciò penzolare flaccidamente), e la schiena cede sotto il peso degli anni e della debolezza.»

«Dimmi di più su questa stanchezza» disse l'ostrica completamente aperta. «Forse così capirò cosa mi ha portato fin qui» aggiunse richiudendosi malinconicamente.

Il vecchio scrutò l'orizzonte con gli occhi pieni di ricordi e rifletté a lungo, mentre l'ostrica ne approfittava per scuotersi un po' la conchiglia. Quando le rivolse di nuovo lo sguardo, il vecchio aveva la fronte aggrottata e la sua voce profonda si abbatté con la pesantezza di un masso.

«Mi accorgo di non sapere molto sulla stanchezza, per quanto l'espressione "sono stanco" è quella che ho pronunciato o sentito dire di più nel corso della mia vita. Eppure, non mi ero mai soffermato un solo istante per cercarne il vero significato.»

Schiudendo una valva, l'ostrica soffiò: «Non credo che tu sia pronto a ricevere l'acqua del mare nei polmoni, vecchio. Se non sai da dove proviene la tua stanchezza, se non riesci nemmeno a darle un nome, la tua non sarà una bella morte».

Poi il vecchio sentì un pizzicore sulla fronte e, portando nervosamente la punta delle dita in quel punto, toccò con apprensione una strana piega della pelle, e capì che gli si era appena formata una ruga. Ne rimase talmente sciaccato che si mise a rimproverare il mollusco, dopo aver verificato di nuovo che nei paraggi non ci fosse anima viva.

«Che diritto hai di farmi venire le rughe sulla fronte?» le disse contrariato.

Sollevando un po' la madreperla, l'ostrica obiettò: «No, vecchio, non sono rughe ma un'unica ruga, la primissima che hai, e io non c'entro niente. Sei tu che l'hai lasciata finalmente prendere il posto che le spetta e la tua reazione mi conferma che se morissi adesso non avresti una bella morte». Il vecchio, turbato, replicò sfregando la sua nuova ruga:

«Ma chi sei tu, misterioso mollusco?».

«Sono un'ostrica stanca» brontolò tristemente il frutto di mare.

«Stanca?» disse incuriosito il vecchio.

«Sì, stanca» schioccò l'ostrica, spruzzandogli leggermente i piedi.

«E cosa ci fai qui?» incalzò il vecchio, confuso.

L'ostrica sembrò inumidirsi di timidezza e sguazzò: «Aspetto che il mare si ritiri...Vorrei tanto farmi prosciugare dal sole fino a sparire, perché sono così stanca. Quando la marea calerà forse troverò riposo». Allora il vecchio farfugliò: «Ora tocca a te dirmi cosa intendi esattamente per "stanchezza"».

«Non ne so molto più di te, vecchio. Noto che i miei liquidi sono agli sgoccioli, mi sento sempre più debole e lenta; ora riesco a malapena a tenere la conchiglia aperta. Per tutta la vita ho sognato di vedere crescere una perla al mio interno, un'enorme, rotonda, dolce perla, e ho impiegato tutta la mia energia per farla nascere. Ogni giorno speravo di vedere spuntare una rosea, piccola protuberanza al centro del succo vischioso, ma erano tutte secrezioni inutili. Ormai sono diventata vecchia, grigia e senza speranza, come lo sciabordio debole e confuso dei miei liquidi.»

Il vecchio la raccolse nella mano con tenerezza e la avvicinò delicatamente al suo viso. Sentì di nuovo un pizzicore sulla fronte e, poco dopo, toccò con le dita una seconda ruga, che si aggiungeva alla prima. Dopo aver osservato a lungo la sua interlocutrice, le disse: «Tu non sei più pronta a farti prosciugare di quanto non lo sia io a annegare, mia succosa signora! Per di più, abbiamo un grosso problema da risolvere prima di arrivare alla nostra rispettiva fine. In effetti, io aspetto che la marea salga, invece tu aspetti che scenda; dunque, se sale io muoio e tu vivi, se scende tu muori e io vivo. Ma se né io né te siamo pronti a morire, allora cosa facciamo?».

L'ostrica batté la conchiglia tre volte e asserì: «Ora rimettimi nell'acqua e ci vediamo tra sei mesi proprio qui, in questo stesso punto».

Sei mesi più tardi, durante la sua lunga camminata sulla spiaggia senza castelli di sabbia, il vecchio con due rughe chiuse gli occhi per ascoltare i potenti battiti del suo cuore. Prima di conoscere quel povero mollusco non l'aveva mai fatto, non aveva mai prestato attenzione al particolare ritmo che proveniva dall'interno del suo petto. Poi, dopo quell'incontro, si era reso conto che si trattava dello stesso identico ritmo utilizzato dall'ostrica quando si impegnava nel formulare parole e frasi, nel tentativo di comunicare con lui attraverso i battiti delle valve. Davanti a quella semplice constatazione, la sua stanchezza era completamente svanita.

Ora si avvicinava al luogo stabilito per l'incontro, e stavolta anche un'intera folla di persone non lo avrebbe disturbato, poiché era felice e in pace. Si sedette di nuovo nel posto preciso in cui qualche mese prima si era messo ad aspettare la marea. Con il passare delle ore la sabbia rimaneva deserta, finché il sole si infilò nel mare e le onde cominciarono a bagnargli le gambe e il fondoschiena. Quando l'acqua gli arrivò alla vita il vecchio, un po' impensierito, si alzò e indietreggiò di qualche metro per sedersi di nuovo. Sebbene la notte stesse calando la speranza non lo abbandonava, ma appena vide apparire le prime stelle, dopo aver cambiato posto più volte, decise di tornare il giorno dopo. Nell'allontanarsi però, avvertì ai suoi piedi degli schiocchi familiari e vide quattro piccole ostriche che battevano la conchiglia all'unisono.

«Scusa per il ritardo» esclamarono in coro, «abbiamo avuto qualche problema a trovare il posto. Ti portiamo un messaggio, poiché l'ostrica che dovevi incontrare non verrà. Noi siamo le sue figlie e siamo qui per dirti che si è spenta nella gioia dopo averci dato alla luce, ma teneva molto a farti sapere che la sua stanchezza è completamente scomparsa da quando ci ha visto nuotare dentro di lei. Diceva sempre che, prima del vostro incontro, la sua vita, sì, era stata sterile ma poi ha capito che le ostriche come noi non possono produrre perle, ed è il prezioso segreto che ci ha trasmesso».

Mentre il vecchio stava per rispondere, le ostriche proseguirono: «Nostra madre ci ha detto che non avresti dovuto parlare bensì accettare l'umile regalo che oggi ti voleva consegnare. Prendici nelle tue mani e avvicinaci al tuo viso». Il vecchio obbedì. Appena furono all'altezza dei suoi occhi, le ostriche si spalancarono e gli schizzarono la parte superiore della faccia. Dopo un attimo di sorpresa, il vecchio scoppiò in una risata sonora e profonda che le piccole ostriche, divertite, accompagnarono battendo ripetutamente le valve, dicendo infine: «Lo vedi vecchio, l'acqua di mare è ottima per la tua pelle, ma non ha posto nei tuoi polmoni». Ora quei colpetti e la forte risata del vecchio erano in perfetta sintonia.

«Adesso potresti rimetterci in mare?» tintinnarono le conchiglie, così il vecchio avanzò tra le onde. Quando i quattro molluschi toccarono l'acqua, schizzarono un'ultima volta: «Nostra madre ti dà un tenero pizzicotto sulla punta del naso!». Il vecchio sorrise e le lasciò andare.

Di ritorno sulla spiaggia senza castelli, sentì un leggero pizzicore sulla fronte e, toccandola con le dita, scoprì con gioia di avere sei rughe.

## CHIAVE N. 6

La tartaruga torna dallo specialista e aspetta che si apra la porta, quella in legno d'ulivo. Ora sa come fare: la osserva attentamente e, come per magia, può entrare. Le piace tanto sentire il terapeuta che la accoglie con un: «E allora?» ma stavolta non è da sola nella sala d'aspetto e deve aspettare il suo turno.

"Questo è il mio ultimo appuntamento" dice tra sé e sé ma, mentre lo pensa, la assale un dubbio e immagina l'esatto contrario: "Questo non è il mio ultimo appuntamento". Fin da quando ha memoria, dubita di tutto ciò che dice e dubita anche di questa stessa affermazione. Forse ha iniziato ad avere dubbi ancora prima di iniziare a ricordare, chi può dirlo?

Invidia tutti quelli che declamano verità assolute senza manifestare dubbi, come i pappagalli, per esempio. Difatti invidia Cocorino poiché è sempre così sicuro di sé, non ha mai esitazioni qualsiasi cosa dica, anche quando tira fuori delle stupidaggini. Lo invidia davvero e ne parlerà al terapeuta.

In sala d'attesa ci sono uno struzzo e un serpente a sonagli che, come lei, aspettano. Lo specialista è molto in ritardo e il cervello dell'uccello e i due cervelli rettili ne sono infastiditi. Se fossero dei ruminanti (delle mucche, per esempio) si potrebbe dire che stanno ruminando.

Per ammazzare il tempo, la tartaruga si rivolge allo struzzo: «Non mi dirà che il suo problema è il collo?».

Lo struzzo non riesce a nascondere la sua sorpresa: «Come ha fatto a indovinare?».

La tartaruga è felice di poter rispondere senza esitazioni: «Tempo fa, da uno psicanalista ho incontrato una giraffa che si era rivolta prima a un chirurgo estetico poiché voleva farsi accorciare il collo».

Si ferma e si chiede se l'espressione è corretta: "accorciare il collo". Ecco, ora sente che le sta venendo un'ossessione... Lei è terrorizzata dalle ossessioni, al punto di rifletterci su per ore. A volte se ne sta immobile su una spiaggia, sotto al solleone, paralizzata da un'ossessione. Roba da farsi venire un cancro della pelle o del guscio.

Onde evitare di avere una delle sue fisse proprio lì, nella sala d'attesa, si precipita a sostenere (precipita è parola grossa): «Penso che il collo corto sia diventato di moda».

Lo struzzo, ancora più stupito, commenta a voce alta (di parecchi toni al di sopra della maggior parte delle voci): «Che strano, ho seguito lo stesso percorso della giraffa: chirurgo, psicanalista». Poi chiede, per placare la sua perplessità: «E lei, anche lei qui per il collo?».

«No, no... All'inizio il problema era la mia lentezza, ora invece è l'eccessiva velocità.»

«Sul serio?»

«Sì, è un classico problema del cervello rettile. Ecco perché sono venuta da questo terapeuta, lui è specializzato in questo tipo di problema.»

«Strano, cura anche il cervello degli uccelli. Lei, per caso, ha avuto modo di incontrare i suoi pappagalli?»

La tartaruga tarda a rispondere e pensa: "Ho davvero incontrato i pappagalli? In fondo, cos'è un vero incontro?". Mentre sta per rispondere "Non so se ho incontrato i pappagalli", il serpente a sonagli inizia a suonare con un rumore intenso che fa vibrare l'intera stanza. Il crotalo, imbarazzato da quelle sonore vibrazioni, appura rispettosamente: «Spero di non suonare troppo forte, perché non riesco a sentirmi!».

Quella sala d'aspetto inizia a somigliare a una torre di Babele (il terapeuta ha decorato perfino le pareti con manifesti che la rappresentano).

La tartaruga, prima di dare una risposta, decide se è il caso di riflettere o meno. Questo è un effetto della terapia: almeno tre o quattro volte al giorno le capita di dover decidere se è il caso di riflettere. È un gran cambiamento, per quanto il suo cervello rettile, veloce com'è, cerchi di impedirglielo, e il cervello rettile sa fare anche questo. Ma la tartaruga sta facendo progressi.

Mentre la tartaruga fa le sue elucubrazioni, il serpente si convince che lei non ha sentito e ripete: «Spero di non suonare troppo forte, perché non riesco a sentirmi!».

Pensa che ti ripensa, la tartaruga è riuscita perfino a portare a termine la sua riflessione. Ora è pronta per rispondere, ma deve anche decidere se rispondere, un po' troppe decisioni da prendere nello stesso giorno. Comincia ad accusare una certa stanchezza, tuttavia trova che il serpente sia stato molto rispettoso e vuole esserlo a sua volta: «Sa, è un problema molto diffuso, soprattutto tra gli umani. Molte persone fanno rumore e non riescono a sentirsi».

Col senno di poi, non è sicura di avere usato parole rispettose, anzi pensa di essere stata perfino irriverente! Ancora una volta – e non si contano più – non si piace, rimane incastrata nell'imbarazzo e ripensa al bastoncino di legno e al sasso che lo psicanalista le aveva mostrato al loro primo incontro. Si sofferma per un attimo (un lungo attimo, trattandosi di una tartaruga) sul fatto che ogni cervello rettile ha bisogno di imparare a rallentare, e che ci sarebbe tanto bisogno di bravi insegnanti, ma sono difficili da trovare. Istintivamente pensa che lo specialista sia uno di questi e vorrebbe tanto scoprire che in realtà lui e lo psicanalista sono la stessa persona, almeno ci sarebbero due bravi insegnanti.

È allora che ricorda le parole del serpente: «Non riesco a sentirmi!»; realizza che qualcosa non va e vuole capire cosa. Dopo un grande sforzo di concentrazione, ci riesce: «Come può rispondermi se non sente?».

Il serpente, dal canto suo, non è affatto offeso per le parole della tartaruga e, come se avesse capito la sua domanda, spiega: «Per capire gli altri, leggo il calore che emanano, grazie ai raggi infrarossi». Poi, guarda lo struzzo, che se ne stava in silenzio, quasi ipnotizzato, e si rivolge di nuovo alla tartaruga: «Lei forse non può capire, può averne solo una vaga idea per via del suo sangue freddo, ma le assicuro che anche lei emette calore a sufficienza perché io la capisca».

La tartaruga è felice di sentirsi capita, non ci è abituata e non sapeva che il calore fosse un mezzo di comunicazione, anzi, non sapeva neanche di emetterlo. Pensa che dovrà coltivare questo aspetto della sua personalità, poiché le piacerebbe leggere il calore degli altri. Vuole consultare un neurochirurgo del cervello rettile; chissà, forse potrebbe trapiantarle un cervello di serpente a sonagli; magari non tutto, solo una piccola parte, quella che capta gli infrarossi.

Il serpente allunga il collo verso lo struzzo: «Quanto a lei, per me è facilissimo! Emette un caldo torrido e io la capisco perfettamente».

A quel punto lo struzzo inizia a cercare in giro un po' di sabbia per infilarci la testa e bloccare la lettura a raggi infrarossi. Si è fatto l'idea che, se continua a emettere così tanto calore, potrebbe cuocersi e fare la stessa brutta fine dei tacchini selvatici ed è l'ultima cosa che vuole. Ma nella sala d'aspetto non c'è un singolo granello di sabbia poiché lo specialista è un maniaco della pulizia. Allora lo struzzo va nel panico: «Dove posso infilare la testa? Dove posso infilare la testa?».

La tartaruga, folgorata da un'intuizione, suggerisce: «Come farebbe a seppellire la testa nella sabbia se avesse il collo corto?».

Lo struzzo si raddrizza e dice alla tartaruga: «Ora, capisco tutto! Non mi ero reso conto che, con il collo più corto, non sarei più riuscito a nascondermi, grazie! Lei dovrebbe fare la terapeuta... Anzi, la prego di riferire allo specialista che non ho più bisogno di lui».

E va via correndo.

Il serpente, però, è deluso: «Peccato che se ne sia andato, ho l'impressione che stia fuggendo da qualcosa... non da me, spero. Avrei potuto aiutarlo a sentirsi meno solo. Difatti, stavo per dirgli che nemmeno a me piace il mio collo: per me è un problema perché so da dove inizia ma non so dove finisce. E dovrebbe vedere come si trasforma quando mangio! Mi sembra sempre di soffocare, soprattutto quando mangio uno scoiattolo, le assicuro che non è un bello spettacolo da vedere. A volte, verso la fine del pasto, mi spunta ancora la sua coda dalla bocca, sembra che abbia ingoiato una di quelle pellicce che fanno gli uomini. Un giorno, una donnola mi ha chiesto: "Cos'è, un sistema di riscaldamento interno?" ed è scoppiata a ridere. Avrei voluto morderla ma avevo tutti quei peli che mi ostruivano le fauci, allora ho provato a ingoiare alla svelta per liberare i denti e mi sono quasi soffocato. Un serpente che soffoca, roba dell'altro mondo! Detto questo, lei riesce a immaginarmi senza collo? Come minimo mi chiamerebbero "testa-coda"».

La tartaruga, da persona di mondo, si lancia in una battuta brillante: «Oppure potrebbero soprannominarla le "maracas della morte"» dice nel tentativo di sdrammatizzare, o almeno spera.

Il serpente si sente suonato, ed è una sensazione nuova per lui. Con tono ironico ripete la frase dello struzzo: «In effetti, lei dovrebbe fare la terapeuta specializzata nei problemi di collo» ma la tartaruga non coglie la battuta e già si vede a fare terapia con tutti coloro che non sopportano più il collo lungo.

Il serpente a sonagli riprende il discorso: «La faccenda del collo non è il mio problema più grave. Deve sapere che noi discendiamo dalle lucertole, le parlo di cento milioni di anni fa. Quindi c'è stato un tempo in cui anche noi serpenti avevamo gli arti, scomparsi con l'evoluzione. Insomma a noi è accaduto l'opposto di altre specie! Spesso mi chiedo: perché proprio a me?».

La domanda resta in sospeso, come il serpente: evidentemente, non ha mai trovato una risposta. Poi riprende: «Ho consultato un chirurgo estetico perché volevo tornare indietro nel tempo e farmi innestare gli arti inferiori, per giocare all'elastico con i bambini, e gli arti superiori per potermi sbracciare urlando: "No, no, dove andate! Non scappate, tornate indietro a giocare con me!"».

Poi imita con tutto il corpo il movimento delle mani umane quando invitano qualcuno a tornare, ma così facendo sembra quasi in assetto di attacco e risulta ancora più minaccioso.

E continua: «Il terapeuta dice che ho una "dipendenza affettiva", a quanto pare è un problema molto diffuso tra i cervelli rettili. In verità non credo che mi capisca, io sono un incompreso fin dalla mia apparizione sulla terra, ben cento milioni di anni fa. Sono il più grande incompreso tra tutti gli esseri viventi, e le spiego perché: quando suono non lo faccio per paura, ma perché sono felice! Scuoto i sonagli per segnalare la mia presenza a qualcuno che mi piace, qualcuno che potrebbe amarmi. Però, non faccio in tempo a iniziare che si scatena un fuggi fuggi generale, e visto che non ho le braccia, provo ad afferrarli con la bocca per trattenerli, ma ovviamente a quel punto il mio cervello di rettile perde il controllo e ogni volta succede un parapiglia! Sono destinato a non avere nessuno accanto nella vita».

La tartaruga vorrebbe dirgli: «Non avrebbe nessun problema ad afferrare me quindi, per favore, non ci provi».

Il serpente si dà una spiegazione: «Credo che sia colpa del rumore. Dato che non riesco a sentirmi ne faccio troppo». La tartaruga si chiede se non sia affetta anche lei da "dipendenza affettiva", e si ripropone di parlarne con il terapeuta. Comunque, in cuor suo, è contenta di non fare rumore.

Dopo aver deciso di riflettere, arriva alla conclusione che, se il serpente a sonagli riuscirà a tenere a bada il suo cervello di rettile, scuoterà meno la coda quando è felice e forse troverà qualcuno con cui giocare all'elastico.

La porta dello studio si apre. La tartaruga tira un sospiro di sollievo poiché l'attesa stava cominciando a pesarle quasi quanto il bisogno di attenzione del serpente. Si rende conto che una tartaruga non può soddisfare il bisogno di attenzione di un serpente a sonagli, e comunque non lo vuole perché sa di doversi proteggere, anche se ha un carapace. Certo al serpente mancano gli arti inferiori, ma ha pur sempre una bocca e non sa ancora come controllare il suo cervello rettile!

Tuttavia, pensa che il serpente a sonagli potrebbe imparare a fare musica per il semplice piacere di suonare, scoprire ritmi, armonie, nuovi suoni. Così avrebbe qualcosa da condividere, e magari i bambini giocherebbero all'elastico al ritmo della sua musica. Quel pensiero la rilassa, e accenna di nuovo un sorriso.

Il serpente a sonagli resta in silenzio perché sa che è il turno della tartaruga, ma lei, senza sapere bene perché, gli dice un'ultima cosa: «Faccia il bravo». E lui ricomincia a suonare.

Arriva lo specialista, che stavolta non le dice «E allora?» bensì: «Le presento un'amica, credo che possa aiutarla».

Dietro di lui, un'altra tartaruga (stavolta una tartaruga di terra) spunta dall'ombra (c'è sempre un po' di ombra nello studio dei terapeuti) e si mette subito a parlare con la nostra tartaruga: «Lo specialista mi ha detto che la sua più grande paura era quella di non vivere oltre i cento anni».

Ne nasce uno scambio tra le due tartarughe, a cui il terapeuta assiste in disparte. Cocorino cerca di ripetere alcune frasi alla loro stessa velocità, ma si stanca subito perché sono troppo lente, e torna a togliersi le pulci.

La tartaruga marina dice: «Ho sentito parlare di una tartaruga gigante delle isole Galapagos che ha vissuto centosettant'anni! Poi ce n'è un'altra, alle Seychelles, che è morta a più di duecentocinquant'anni, un record!».

Il terapeuta sgrana gli occhi e il pappagallo lo imita fischiando, senza mai lasciare la sua spalla. La tartaruga marina si chiede se un pappagallo possa soffrire di dipendenza affettiva, poi risponde con aria sognante: «Duecentocinquant'anni...».

Allora, la tartaruga di terra le chiede: «Ha paura della morte?».

La tartaruga marina le risponde: «Niente affatto, ho solo paura di non battere quel record e io ho sempre sognato di battere un record. Da piccola volevo essere la più veloce della mia specie, non volevo essere superata da nessuno. Avevo cominciato ad allenarmi già quando ero nell'uovo, per essere la prima a raggiungere il mare. Da allora, mi hanno sempre detto che sono lenta, ma se batto quel record alla mia morte almeno si potrà dire che sono andata più lontano di tutte le altre».

Al che, la tartaruga di terra suggerisce: «Interessante, capisco... Ecco come posso aiutarla: io ho deciso di diventare molto ricca quindi vendo il tempo, e ne ho da vendere! Gli umani ne sono ingordi, sono i miei clienti principali e io glielo vendo, ma a una condizione: devono fidarsi di me, altrimenti niente».

«Come funziona?» chiede la tartaruga marina.

«Prima mi pagano, poi si siedono sul mio guscio e non possono più scendere fino a che non scade il tempo che hanno comprato. Pochi istanti dopo essere saliti in molti mi chiedono di accelerare, ma io rispondo che non è per questo che hanno pagato: "Ha pagato per un'ora, e che un'ora sia!". Dovrebbe vedere la faccia di chi ha pagato per una settimana! Io provvedo a tutto ciò di cui hanno bisogno: cibo, bevande, e possono anche mettersi a dormire sdraiati sul guscio. Per alcuni è una tortura, vogliono scendere immediatamente perché scoprono che sul carapace non c'è segnale. Io lo so e non dico nulla, ma loro lo scoprono quasi subito, quando prendono il cellulare per farsi dei selfie. Allora mi chiedono il codice o la password del wi-fi, e quando annuncio che la connessione non c'è si fanno prendere dal panico, si mettono a dare colpi sul guscio, urlando che si sono fatti fregare, che sono una ingannatrice! Io rispondo che invece sono una donatrice e che sono loro a non saper ricevere.»

«Come fa a persuaderli?»

«Rilascio dei certificati, certificati di garanzia. Dieci, quindici, trenta minuti garantiti a vita, come per tutto ciò che gli umani comprano: "Tempo garantito o denaro rimborsato!" così si tranquillizzano. Di solito non comprano più di trenta minuti. Pensano che andare oltre questo lasso di tempo sia davvero esagerato.»

«Le capita di dover rimborsare i clienti?»

«Sì, capita spesso, ma alcuni capiscono il messaggio e mi lasciano una mancia, una grossa mancia, confidandomi sereni che "il tempo è denaro". E, visto che ho iniziato questa attività molto tempo fa, ho accumulato una fortuna.»

«Cosa ne fa di quei soldi?»

«Compro battiti cardiaci.»

«Come sarebbe?»

«Sì, ultimamente i grandi artisti mettono in vendita le registrazioni dei loro battiti cardiaci prima di morire. Sono molto costose, difficili da trovare, delle rarità, e io le colleziono perché un giorno saranno molto ricercate.

Così, visto che sarò l'unica a poterle ascoltare, sarò invidiata, ammirata e rispettata da tutti.»

«Capisco, raccoglie le registrazioni dei battiti cardiaci di personaggi famosi per diventare immortale, ma poi li ascolta?»

La tartaruga di terra è sorpresa. Non aveva pensato all'immortalità, crede che la tartaruga marina non abbia capito bene, tuttavia le risponde: «Certo che li ascolto, lo faccio per passare il tempo, tra un cliente e l'altro, quando non ho nulla da fare. E ho scoperto che nessun cuore batte esattamente allo stesso ritmo degli altri. Questa cosa mi affascina: tutte queste differenze per scoprire che alla fine portiamo dentro la stessa vita! E poi ha ragione, è vero che le registrazioni sono immortali, non si fermeranno mai».

La tartaruga marina stavolta è categorica: «Non parlavo dell'immortalità delle registrazioni, mi riferivo alla sua di immortalità, quella che sta cercando».

La tartaruga di terra è destabilizzata, interdetta, non sa più cosa dire. Le chiede in loop: «Vuole salire sul mio guscio?».

La tartaruga marina, invece, si sente molto stabile. Adesso capisce perché il terapeuta le ha presentato quella tartaruga, e sostiene: «A parte che non potrei permettermi di stare sul suo guscio per duecentocinquant'anni, ma la verità è che voglio sentire il mio cuore, proprio ora, mentre batte, perché lui è vivo».

Il pappagallo fischia, come fa di solito alla fine di una terapia. La tartaruga marina lo ringrazia, ringrazia anche la tartaruga di terra, infine ringrazia lo specialista calorosamente (un calore che ora emana a volontà, nonostante il suo sangue freddo).

Non ha nemmeno più bisogno di chiedere al terapeuta se soffre di "dipendenza affettiva", perché sa che anche porsi quella domanda è una forma di dipendenza. Ora è libera.

E non invidia neanche più Cocorino, con la sua capacità di dire tutto quello che gli passa per la testa senza avere dubbi: lei preferisce dubitare.

Uscendo dallo studio si avvicina al serpente a sonagli, che è ancora nella sala d'attesa. Vorrebbe accarezzarlo come gli umani accarezzano un cane, ma preferisce dargli un consiglio: «Se lei ascoltasse i battiti del cuore e regolasse il sonaglio su quel ritmo, credo che il mondo intero giocherebbe all'elastico».

## CHIAVI PER I CERVELLI SINISTRI

Nella favola *L'ostrica e il vecchio*, lui è un uomo "rassegnato", porta addosso una stanchezza che associa all'invecchiamento. Non si interroga sul senso di quella stanchezza né la mette in discussione, la subisce e basta. L'ostrica lo affronta, lo spinge a scoprire che quella sensazione è in realtà una forma di resistenza e lo invita a esaminarla per capire che è la stanchezza stessa a consumare energie, è lei che porta allo sfinimento.

Allora, *benvenuto tra gli umani e benvenuto nella resistenza!* poiché è lì che si scoprono le connessioni tra il cervello rettile e l'ego... L'ego vive nella sala di controllo del cervello rettile, è ai posti di comando, sorveglia continuamente i segnali, le spie, gli allarmi che indicano una minaccia per l'immagine del sé. Basta un pensiero, una parola, uno sguardo per armarsi fino ai denti, o il contrario: l'assenza di parole, l'assenza di sguardi...

Ai nostri tempi, sperperiamo una fortuna per cancellare una ruga o per impedirne l'apparizione. Ci sono visi talmente tirati da assomigliare a pelli di tamburo! Non hanno più l'elasticità necessaria ai movimenti che compongono un sorriso e danno l'impressione di potersi spaccare per una risata o uno starnuto. Ogni anno vediamo sfilare le grandi "star" alla cerimonia degli Oscar, e molte di loro sembrano essere passate sotto il bisturi dello stesso chirurgo estetico. Viviamo in un mondo in cui cerchiamo di fabbricare bellezza tagliando e ricucendo pezzi di vita e, vedendo una pelle liscia come una pista di pattinaggio, abbiamo anche l'illusione di esserci riusciti! Vogliamo poter attirare l'attenzione ancora e ancora; o meglio, è l'ego che lo pretende! Proviamo con tutti i mezzi a evitare l'esclusione, il rifiuto, l'abbandono e, stranamente, nel desiderio di distinguerci per suscitare interesse, ci omologhiamo: in fondo tutte le piste di pattinaggio hanno la stessa superficie. Distendendo la pelle speriamo di allungare il tempo, quando è proprio nell'accoglienza di una ruga che il tempo si ferma. Il filosofo Eraclito diceva: «Il tempo è un fanciullo che gioca» e tutti noi sappiamo che quando un bambino gioca, il tempo non esiste più.

*Benvenuto tra gli umani!* Benvenuto tra le rughe, i mal di schiena, la perdita dell'udito e delle funzioni corporali. Benvenuto tra i «non potrei più, non sarei più capace, non riuscirei più». Queste affermazioni, che portano a un "vicolo cieco", contengono in realtà «la» *chiave delle chiavi*, ossia l'unica via di uscita possibile: riportare l'attenzione sul cambiamento fisico, in tutta la sua verità. *Osservare la trasformazione del corpo nel presente!* Osservare la ruga ma, soprattutto, il giudizio sulla ruga, così come tutte le paure che quel giudizio comporta: la paura di scomparire negli abissi del rifiuto, la paura di non suscitare più nessun interesse (né in terra né in paradiso, se esiste); la paura che qualcuno si volti dall'altra parte se ci avviciniamo o, peggio ancora, che nessuno voglia più nemmeno guardarci.

La *chiave madre* sta in un *uso intelligente dell'intelligenza:* imparare a osservare che uno stato di serenità può essere turbato repentinamente da un'immagine del sé modificata da perdite che non hanno nulla a che fare con la perdita delle proprie facoltà più preziose. E che è necessario chiedersi più volte al giorno, e soprattutto nei momenti difficili in cui ci sentiamo minacciati (che sia per paura, ansia o angoscia): «Riesco ancora ad amare? Riesco ancora a stupirmi? Riesco ancora a creare? Riesco ancora a imparare? Riesco ancora a godermi la vita? Riesco ancora a trasmettere? Sì!».

Bisognerebbe inventare rosari con grani che rappresentano tutte quelle qualità che restano immutate dentro di noi anche quando attraversiamo le prove più dure della vita, prove come quelle vissute dai vari Nelson Mandela, Martin Luther King, Gandhi e tutti coloro che hanno avuto esperienze simili. Dovremmo poi mostrare quei rosari ovunque la stupidità umana inventa nuovi modi per ferire, e recitarli facendo scorrere tra le dita i grani simbolici: «La mia capacità di amare è forse minacciata? No e poi no!».

È l'ego che pretende l'immortalità, non la presenza!

Anche l'ostrica simboleggia una forma di resistenza alla vita: «Per tutta la vita ho sognato di vedere crescere una perla al mio interno, un'enorme, rotonda, dolce perla, e ho impiegato tutta la mia energia per farla nascere. Ogni giorno speravo di vedere spuntare una rosea, piccola protuberanza al centro del succo vischioso, ma erano tutte secrezioni inutili. Ormai sono diventata vecchia, grigia e senza speranza, come lo sciabordio debole e confuso dei miei liquidi».

Ma questa ostrica non conosce una realtà fondamentale: la perla è il risultato di un processo di guarigione, non un modo per distinguersi e avere gratificazioni:

«Anche se dal nostro punto di vista è arte, la verità è ben diversa poiché per l'ostrica la produzione di una perla è un processo di guarigione da una ferita [...] la fabbricazione di una perla è un mezzo per fermare una forma di aggressione esterna.

«Il responsabile della ferita? Un piccolo granello di sabbia o un parassita che penetra all'interno dell'ostrica provocando un'irritazione.

«Visto che, ovviamente, le ostriche non possono grattarsi o espellere l'intruso, lo ricoprono di materiale organico (carbonato di calcio), una sostanza che di solito secernono per costruire la madreperla. La quantità di strati e il tempo impiegati per rivestire l'intruso incidono sulla forma e sulla brillantezza del risultato finale. Alla fine del processo il corpo estraneo è stato inglobato, l'irritazione scompare e al suo posto troviamo una piccola perla.

«Dunque la perla per le ostriche è soprattutto una reazione di difesa, mentre dal nostro punto di vista nasce da un lavoro che potremmo considerare artigianale. Tale procedimento, per di più, non è privo di rischi poiché i corpi estranei a volte vengono respinti, ingeriti, e possono portare alla morte dell'animale.

«In conclusione, anche se questi frutti di mare non piacciono a tutti, il frutto del loro lavoro è molto apprezzato: un capolavoro di oreficeria che è in sostanza un processo di *guarigione*».[4]

Fare nascere una perla da un'irritazione, trasformare qualcosa che infastidisce in un gioiello, accogliere un corpo estraneo senza opporre resistenza, costruire bellezza piuttosto che respingerla! Un miracolo che richiede presenza.

Se concentriamo tutta la nostra attenzione su un'inutile ricerca dell'immortalità, di ammirazione o di gratificazione, non possiamo intraprendere nessun processo di guarigione. Ogni ferita, paura o sofferenza richiede attenzione, un'attenzione mirata ad accoglierle e cercare di scoprire cosa insegnano. E l'unico modo per prestarvi una autentica attenzione, è esercitarsi a osservare i movimenti dell'attenzione stessa, guardare attentamente i suoi andirivieni tra il mondo dell'ego e il mondo della presenza, sviluppare la capacità di portarla da un mondo a un altro per mantenerla il più a lungo possibile (forse pochi secondi) nel mondo della presenza. Ed è lì che la vita si mette a suonare: «La verità è che voglio sentire il mio cuore proprio ora, mentre batte, perché lui è vivo». La tartaruga marina avrebbe potuto aggiungere: «Quando sento il mio cuore battere, quando lo sento davvero, riesco anche a sentire quello degli altri».

4   *Comment les huîtres fabriquent-elles les perles?* (Come fanno le ostriche a produrre le perle?) di Simon Rondeau, videomaker del canale YouTube "Melvac".

Impara ad ascoltare il battito del cuore!

Ecco cosa apprende il vecchio del racconto in quel dialogo con l'ostrica. Il dialogo è quel meraviglioso spazio in cui possiamo improvvisamente pronunciare la frase magica che rivela il nostro cambiamento: «Non avevo mai visto la cosa da questo punto di vista!».

Il vecchio cambia grazie a un incontro; ecco la vera bellezza delle relazioni tra esseri viventi, sono le relazioni che riescono a separare il cervello rettile dall'ego: «Sei mesi più tardi, durante la sua lunga camminata sulla spiaggia senza castelli di sabbia, il vecchio con due rughe chiuse gli occhi per ascoltare i potenti battiti del suo cuore. Prima di conoscere quel povero mollusco non l'aveva mai fatto, non aveva mai prestato attenzione al particolare ritmo che proveniva dall'interno del suo petto. Poi, dopo quell'incontro, si era reso conto che si trattava dello stesso identico ritmo utilizzato dall'ostrica quando si impegnava nel formulare parole e frasi, nel tentativo di comunicare con lui attraverso i battiti delle valve. Davanti a quella semplice constatazione, la sua stanchezza era completamente svanita».

> «Anche se i nostri cuori pulsano tutti a velocità diverse,
> è sempre possibile sincronizzare qualche battito.
> È solo questione di presenza.»

# LA LUCCIOLA E L'EFFIMERA

Eccola, è la nascita; improvvisa e drammatica. Gli involucri scoppiano, le zampe si tendono, gli occhi umidi scintillano come polvere di minuscoli soli appena disseminati nella brezza. Sono migliaia di ali nuove che si aprono. La superficie dello stagno freme sotto quella moltitudine di timidi battiti. Appollaiato in cima un lunghissimo stelo, osservo il crepuscolo spennellare i suoi viola, i suoi blu e i suoi malva sopra questo ribollire di corpi che si schiudono. Il parto interrompe tutti i silenzi e tutti i canti. La piccola falda d'acqua è ora come un grande ventre che annienta ogni respiro e ogni sguardo. Eccola, è la nascita; furiosa e tremenda, innocente e superba.

Non sono l'unico a contemplare la scena. Ognuna di queste piccole esplosioni suscita sospiri potenti in tutta la Terra. Le cortecce scavano negli anfratti delle radici per far sì che queste nuove creature possano assaporare il loro primo contatto tra l'ala e l'aria. La terra e l'acqua si strofinano tra loro come il giorno in cui vennero inventate le carezze.

Le pietre si dilatano per avvicinarsi tra loro. Ogni forma mette in mostra la segreta presenza che l'ha disegnata; anche la più minuscola particella di un sasso, di un fiore o di un mollusco mette a nudo i suoi più oscuri legami. La piccola falda d'acqua è rosa e gialla; è un grande ventre trasparente che accende l'essenza della vita in tutto ciò che dorme o sta per morire. Eccola, è la nascita; dolce e violenta, necessaria e inevitabile.

Sento i primi mormorii e a tratti anche le prime grida. Sono scioccato. "Effimere..." Ma certo, si chiamano così... Ne ho sentito parlare quando da bambino mia madre mi raccontava delle storie. Sono insetti che nascono per la seconda volta in volo, oppure posandosi su un gambo, e in quel lasso di tempo si schiudono, sgorgano e scintillano ininterrottamente. Io tengo a freno la mia, di luce: ho paura che mi si accusi di aver scintillato all'interno di un miracolo di cui non faccio parte. So che il mio stupore è pari a quello di tutte le altre creature della Terra, ma io sono una lucciola, e non potrei perdonarmi di aver brillato troppo in un evento che esige abnegazione e umiltà. Rallento il respiro; l'unico modo di rimanere spento per rispetto. Mi sento un po' soffocare, ma così evito di attirare troppo l'attenzione in un momento in cui è richiesto che scompaia. Io voglio vedere. Vedere tutto.

Adesso sono centinaia. Poco alla volta si apre il velo della sera ed ecco apparire una danza. La brezza sfiora lo stelo su cui sono appoggiato, e mi trovo a oscillare nel bel mezzo di un privilegio. Lo spettacolo ha un che di prodigioso. I maschi si radunano in gruppo; io so che sono maschi perché qualcosa in me lo sa, una vecchia complicità, una sorta di impronta nella struttura. Alcuni sciami ondeggiano con eleganza tra l'acqua e l'inizio delle stelle.

Le femmine sembrano esitanti, ma poi ecco apparire altri maschi che spuntano fuori dallo stagno come frecce, si alzano in volo fino a dieci metri per poi ricadere ondeggiando dolcemente in mezzo allo sciame che li accoglie. Le femmine continuano a essere restie, mettono a punto il loro aspetto: nascono per la seconda volta abbandonando l'involucro che le ha custodite, lo stampo della loro presenza ormai perfetta. Tutti gli involucri ondeggiano ormai sull'acqua, fragili memorie del corpo, sculture della crescita, vestigia trasparenti della preparazione alla danza.

Sotto le femmine, il balletto si intensifica, diventa quasi un richiamo del movimento e della grazia. I maschi formano un nugolo spesso e densissimo, come una fumata che ondeggia di desiderio. Il richiamo che lanciano è incessante. Mi sento eccitato perfino io, in quanto maschio. La mia luce si intensifica nonostante tutti gli sforzi che faccio per smorzarla. Cerco di nascondermi un po', ma non voglio perdermi niente, dunque lascio che la mia testa si sporga e osservi.

Ed ecco che una prima femmina si lancia, palpitante. Le sue ali dispiegate donano alla bellezza un'ulteriore ragione per vivere. Queste battono senza alcun sforzo: è l'arte del volo nella sua massima espressione. Ho davanti a me l'incarnazione della primavera in un corpo di femmina. I suoi occhi, piccole pietre vive, ricreano la luce: la femmina sta brillando! Quell'irradiazione mi eccita ancor di più e mi obbliga a cercare una foglia larga così da potermi nascondere. Il suo corpo non appartiene più a nessuna specie, è solo invito puro, apertura pura: la vita che si autoinvita a proseguire. Ora la femmina vola dritta in direzione dello sciame, affascinante e affascinata. Dinanzi a così tanta luce, le stelle si inchinano e si nascondono, tremolanti. L'intero cielo ora vorrebbe essere quaggiù. Lo si avverte.

Ormai vicinissima, si ferma un istante al limitare dello sciame di maschi, sul bordo di quella massa divenuta immensa. Sembra titubante. Forse sta solo sentendo quello che il suo ventre pregusta. Muove leggermente la testa e sembra fondere in sé i desideri che suscita e quelli che lei stessa sta provando. Forse sta ascoltando il coro di ali supplichevoli che cantano l'attesa, l'eccitazione. Inizia a volare, ma resta immobile. Forse ha paura, forse è spaventata, forse si sente troppo vulnerabile. Non lo so. Cerco di immaginare, faccio ipotesi, invento. Per essere più vicino a lei, in lei. Sento in me la paura e il piacere sfiorarsi. Mi sembra di essere un po' dentro a quella femmina. Mi piacerebbe proteggerla, rassicurarla. In fondo è appena nata... Sì, certo, forse ci si abitua a nascere due o tre volte di seguito, ma immagino che tutta quella sollecitudine possa creare qualche timore.

Poi però improvvisamente lei si tuffa, si getta in quella condensa in calore. E scompare. La cerco, preoccupato, pronto a fare di tutto. Anche io faccio parte di quel desiderio, di quello slancio. Ora la vedo: piccola isola di femminilità nel mare maschio. Danza, si erge in volo, poi ricade e poi di nuovo in volo... il ritmo è lascivo... il bosco scricchiola... lo stagno evapora: sono altre femmine che si schiudono, si aprono, sgorgano! Piccole isole che si moltiplicano nel mare in fregola, la tensione è al massimo, la notte si apre, afferra e attira a sé tutto ciò che brilla e si sposta. La notte dice: sì! Il mare sale e scende, dentro questo grande pulsare che regge tutti i cuori della Terra.

Il mio sguardo non smette di seguire la prima femmina. All'improvviso, due lunghi filamenti, come delle antenne, spuntano da dietro il suo corpo e lo afferrano. Due grandi zampe fatte sostanzialmente per quello: afferrare un corpo. La femmina non oppone resistenza, anzi, sembrava attendere quella presa, quella lotta. Si rannicchia dentro alle zampe di lui e si muove, ci si accomoda in modo da essere ancora più presente. Mi nascondo ancora di più, perché la mia luce è troppo forte. Migliaia di ombre in fiamme mi corteggiano, ombre provenienti da me stesso. Ho come acceso in me il rogo in atto tutt'intorno a me. Il maschio tira verso di sé la femmina, vedo che si accoppiano, e altre coppie fanno altrettanto. Vedo le zampe che si tendono e le pance incollate tra loro. Alcune coppie iniziano a planare, e ormai sono sempre di più. Sto assistendo alle nozze dell'istante perfetto, alla celebrazione del piacere di vivere.

La mia amica – ti chiamo già così, amica cara – si lascia cullare dal movimento del suo partner. Insieme, scivolano sul respiro fragile del momento che assaporano. Il tempo per loro non è altro che quel caldo soffio che li trasporta. L'eccitazione mi turba, mi sconvolge. Sono in estasi.

Eccoli scendere lentamente e avvicinarsi all'acqua. La fecondazione è avvenuta. L'aria è più piena, più umida, più palpabile. Dietro a loro giungono altre coppie, mentre alcune femmine appena uscite dall'ultima muta raggiungono i maschi disponibili dentro lo sciame. Il balletto diventa come una sfera nella bocca dello stagno. La mia amica si libera della presa del compagno senza nessuno sforzo, senza resistenza. La coreografia semplicemente prosegue, è armonia di corpi che si separano per seguire altri movimenti, altre fasi. I suoi occhi rendono ancora più forte e più diffusa la luce. È probabile che dal firmamento sia visibile anche io… Me ne vergogno un po'. Il suo addome si contrae ed espelle piccoli frammenti di trasparenza che fuoriescono uno alla volta o in grappoli gelatinosi. Li conto – la contemplazione permette di avere questo tempo –, ne vedo dieci, cento, mille, tremila. Sono pulviscoli viventi, soli o attaccati tra loro, dotati a ogni estremità di ciuffetti filamentosi; le uova sono pronte per l'appuntamento con gli steli, le pietre o la melma. Entrano nell'acqua, o invece è l'acqua che se li beve. Non saprei dire, sono confuso.

Il maschio si allontana senza voltarsi. Non capisco. Non può farlo! Invece lui vola a tutta velocità verso i suoi compagni. Entra anche lui a far di nuovo parte della danza. Sale e scende dentro allo stesso ronzio di prima, allo stesso movimento pulsante. Come se l'incontro non fosse mai avvenuto. Lui vola senza passato, senza memoria. Aspetta la prossima femmina. Ma come si permette? La festa era così bella, il dono così totale. Sento il mio corpo irrigidirsi, gli organi contrarsi. Sento l'ostilità diffondersi in me, spaccarmi da dentro. Vorrei picchiarlo, tagliargli le ali e riportarlo da lei, sull'acqua. Lei, che ora ha finito di svuotarsi e galleggia capovolta. Anche se è nello stagno, il suo corpo si rinsecchisce, si sfalda. Succede tutto alla svelta, molto alla svelta. Sono indeciso tra il desiderio di andare a prendere lui e la voglia di raggiungere lei. Sfasciarlo o ricomporla. Lei ormai si rattrappisce a vista d'occhio. Non posso più aspettare, si sta sgretolando. Parto in quarta e quando le arrivo vicino mi blocco. Mi rendo conto di colpo che non la conosco. Ci sono altre femmine che si stanno rattrappendo. Succede così dopo la deposizione delle uova: il loro corpo si richiude su di sé, si contrae e rallenta come pronto a fermarsi. Sto sorvolando un cimitero acquatico in divenire.

Devo fare qualcosa. Le uova si stanno già mescolando ai cadaveri. La mia amica è ancora viva. Suppongo che sia una femmina molto forte. Mi avvicino e la sfioro con un'umile carezza, poi mi poso sulla foglia di una ninfea, vicinissimo a lei. Devo contenere il battito delle mie ali perché non rinsecchisca ancora più velocemente. Tutto in lei si sta spegnendo. Le dico che deve vivere, che in fondo non ha mai visto la luce del giorno. Lei allora si volta verso di me, sorpresa, e mi chiede chi sono. «Una lucciola – un maschio, e dal momento in cui l'ho vista uscire dall'acqua ho provato per lei come un attaccamento. Mi ha emozionato, colpito, impressionato come non mi era mai accaduto prima. È da così poco tempo che lei vive, ama, partorisce; non deve morire, io ho bisogno di lei. Il giorno sorge tra poche ore e, mi creda, vale la pena di essere visto.» Parole, le mie, pronunciate senza riflettere, per far tacere l'angoscia e lo sconforto.

Sì, non la conosco, ma non mi vedo più vivere senza di lei. Insomma, qualcosa come un colpo di fulmine. Sento una passione per le sue forme, per la sua volontà e la sua grazia.

Lei mi guarda con una luce nuova, più pallida, meno invasiva, più delineata. Anche se fatica a parlare, la sua voce è risoluta: «È inutile provare attaccamento per un'effimera, non serve a niente. E comunque l'attaccamento è inutile sempre. È una bugia, una semplice perdita di tempo. Quello che si può fare è amare. È una cosa risaputa». Sono scioccato. Lo sciame prosegue nel suo ronzio e i cadaveri, che ormai si ammonticchiano, galleggiano nella massa gelatinosa che perpetuerà lo spazio. Alcune femmine ancora vive vi si gettano dentro. La mia amica è al riparo; l'ho spinta sotto dell'erba alta. Il maschio che l'ha fecondata sta già fluttuando su un'altra femmina. Sento ritornare l'ostilità, e questo mi fa cedere ancora più nel profondo. La mia compagna non esiste quasi più. Io ho bisogno di capire, e timidamente le confesso: «Come fai a dire una cosa simile? Tu mi hai appena incontrato, proprio in questo istante, io invece ti osservo e ti contemplo dal momento della tua nascita. Delle tue nascite. Venendo al mondo tu mi hai fatto scomparire. Più ti guardavo e più diventavo te. Ti desideravo, malgrado l'altro maschio; però potevo aspettare, sperare che un giorno saresti stata libera. Io sentivo, in qualche parte oscura dentro la testa, che le nostre luci avrebbero potuto fondersi e intensificarsi reciprocamente. Adesso ne sono certo. Posso constatarlo mentre lo dico».

Lei mi osserva con quel poco di corpo che ormai le resta, cioè quasi nulla. La voce e lo sguardo però sono ancora risoluti: «Non sai niente di me. Mi hai visto venire al mondo due volte. È così poco… Sott'acqua, io avevo subìto già venti volte delle metamorfosi, delle mute. In ognuno di quegli sconvolgimenti della carne io preparavo la mia venuta qui, quel ballo, quella danza nuziale che hai visto, e che vedi ancora intorno a te. Preparavo anche la mia morte. In ogni trasformazione dovevo rinunciare a quello che ero stata o a quello che mi sarebbe piaciuto essere. In questi quattro anni mi sono trasformata venti volte. Durante la ventesima occasione, per salire in superficie ho dovuto fare scorta della poca aria che sono riuscita a trovare nell'acqua. Non credevo che ce l'avrei mai fatta. Io provavo e riprovavo a gonfiarmi, ma non riuscivo a galleggiare meglio. Ho continuato, anzi tutto il mio corpo ha continuato, perché è qualcosa che è inscritto in lui e contro cui è inutile opporsi, e alla fine ho trovato la leggerezza. Sono diventata leggerezza. Una bolla che, dolcissimamente, è risalita fin qui. A quel punto mi rimanevano due altre trasformazioni. Il resto lo sai: le altre nascite, la danza, le nozze, l'amore, il parto. Ecco qua. Sono vecchia, vecchissima, e va bene così. Sott'acqua, avevo sognato che su questa Terra regnasse una sorta di amicizia con la morte e, conseguentemente, una forma di complicità con il tempo. E l'ho trovata. Sono tornata a essere lenta e assaporo ogni singolo istante invece di accanirmi per non perderlo. È la mia ultima trasformazione».

Ora non c'è più nessun movimento. A malapena un fremito che non smuove nemmeno l'acqua. Le uniche onde provengono da un po' più lontano: anche i maschi iniziano ad affondare. Il suo maschio è già caduto. La superficie di quel mare si restringe. Non ci sono quasi più isole. La mia amica sembra senza corpo da tanto è giunta vicina al soffio dell'assenza. Io mi accanisco, non voglio lasciarla andare via, lasciarci andare via. È come se le sue parole amplificassero il mio bisogno di stare con lei. Più l'ascolto e più ho la sensazione che, con la sua fine, di me non rimarrebbe niente. Insisto: «Non avevo mai conosciuto un'intensità simile. Una rabbia di vivere simile. Ogni gesto era come in relazione con l'assoluto, e vivere assumeva tutto un altro senso. *Il senso*. La mia luce si era quasi scaldata, ci ero riuscito. Non devi andartene. Puoi insegnarmi così tante cose… Non chiedo altro che stare ad ascoltarti, a contemplarti!».

Ormai è assente. Le parole escono da sole, senza alcun supporto, se non quello del cuore: «Io non voglio essere contemplata, perché non voglio soffrire. L'ammirazione non cambia l'effimera, ma la celebrazione sì. Allora celebra con me l'ultima muta, per aiutarmi a celebrarla. No… aspetta… aiutarmi… aiutarmi… non intendevo dire questo… aspetta… per permettermi di celebrarla a mia volta… no… non è nemmeno questo… aspetta… aspetta… per intensificare la mia stessa celebrazione… Ecco, sì! La mia stessa celebrazione; la celebrazione della mia vita!».

L'acqua inizia a fremere. La gioia passa, ed ecco la calma e la pace. Sento crescere in me la pace. Da lei sgorgano ancora delle parole: «La forma che ha suscitato il tuo attaccamento nei miei confronti si era già trasformata nel momento in cui tu hai posato lo sguardo su di lei. L'avevi a malapena vista, e lei era già un'altra forma. E se è nei confronti di quest'ultima che hai provato tale sentimento, era comunque già troppo tardi: anche lei di fatto era scomparsa. Crediamo di contemplare una forma o un essere, ma in realtà ne contempliamo solo la mutazione. L'attaccamento non è possibile, solo l'amore è possibile. È una cosa risaputa, ma occorre ripeterlo, secondo me. E l'unico modo che abbiamo per scoprire la nostra capacità di amare, di accedere all'amore, è riconoscere in noi stessi le nostre trasformazioni, e celebrarle, da soli o insieme ad altri».

Non insisto più. Mi limito a emettere la mia luce, anche se fredda. La mia amica ha capito: «La tua luce è fredda, e va benissimo che sia così. È bella e mi meraviglia. Questo basta. Nel guardarla sento un calore che proviene da me, dal profondo di me, e apprezzo il luogo da cui emerge. La luce fredda è viva, mi dicono che lo è anche più del fuoco – me lo hanno raccontato sott'acqua – e dunque io cercherò in lei qualcosa che mi illumini dal di dentro: una celebrazione. La tua sofferenza nasce dal bisogno che tu hai di vedere che la tua luce cambi qualcosa. Ecco perché vuoi che resti; temi di non valere abbastanza. Ma non hai il potere di fermarmi, di impedirmi di andare verso l'ultimissima muta, l'ultima trasformazione. Hai soltanto il potere di amare. Di amarmi. Il poter di ama... Il potere di amarm... Il pote...»

Rimango a lungo vicino a lei e la guardo andare alla deriva. Nella pace. Lo stagno scompare sotto lo strato lucente delle uova che si nutrono dei cadaveri, li inghiottono e li riportano nell'acqua. Io volo via. Della notte non resta più niente. Quel che resta è luce.

# E ULTIMA CHIAVE!

Non ci saranno altre chiavi. Ormai ne ho fornito un mazzo intero!

Mi sia permessa però un'ultima osservazione, un ultimo enigma. Ancora non sappiamo se lo psicanalista e lo specialista sono due persone diverse o se si tratta di un solo e unico individuo. Qualcuno avrà probabilmente notato che non sono mai state fatte, né dell'uno né dell'altro, delle descrizioni.

Perché?

> «Per un semplicissimo motivo: perché il terapeuta sei tu!
> *Benvenuto tra gli umani!*»

# RINGRAZIAMENTI

Un GRAZIE ENORME a tutta la redazione delle Éditions de la Martinière, che dal 2015 dedica a ogni mio libro delle energie smisurate. Mi preme dire grazie in particolar modo a Jeanne Castoriano, la mia adorata editor, e a Laure Aline, sublime direttrice d'orchestra, per la fiamma che scorgo nei loro occhi quando parliamo di un mio progetto – una fiamma così bella da vedere quando si è ancora solo alla ricerca delle parole; a Pascale Berthel, per il suo entusiasmo coraggioso e i suoi poteri magici, di quelli che aprono nuove vie; a Coralie Matera, per la sua arte di saper mettere finestre su qualunque orizzonte; a Cécilia Kerjean, per il calore con cui sa avvolgere tutti coloro che tendono le braccia verso i libri; a Patricia Ropartz, per il sostegno che sa dare coniugando con intelligenza discrezione e solidità, e a tutte le persone che non ho menzionato ma che sanno di aver dato il loro contributo all'esigente processo della creazione.

Un grazie speciale a Patrick Gambache, il mio agente, per la sua incredibile disponibilità, la sua inossidabile schiettezza e, soprattutto, per la fiducia che ha in tutto quello che può nascere.

Grazie a Michel Bergeron, che ogni estate mi offre l'opportunità di scrivere davanti al fiume San Lorenzo.

Grazie ai miei genitori, per il loro amore perennemente capace di amare...

Grazie a Danielle, il mio angelo custode, per il suo indefettibile sostegno, per la pazienza – che ogni tanto vorrei mi prestasse –, e per quella capacità di essere presente la cui fonte risiede in un posto soltanto: il cuore.

Finito di stampare nel mese di maggio 2019 presso
Grafica Veneta – Via Malcanton 2 – Trebaseleghe (PD)
Made in Italy